主要贸易国

机电产品环保安全合格评定程序研究

楼润瑜　殷作为　王嘉珺　编著

世界图书出版公司

广州·上海·西安·北京

图书在版编目(CIP)数据

主要贸易国机电产品环保安全合格评定程序研究 /
楼润瑜, 殷作为, 王嘉珺编著. — 广州 : 世界图书出
版广东有限公司, 2012.12
ISBN 978-7-5100-2189-3

Ⅰ.①主… Ⅱ.①楼… ②殷… ③王… Ⅲ.①机电设
备–环境保护–合格品–评定–研究–世界 Ⅳ.①F764.4

中国版本图书馆 CIP 数据核字(2013)第 001609 号

主要贸易国机电产品环保安全合格评定程序研究

策划编辑	姜　羽
责任编辑	唐　媛
封面设计	兰文婷
出版发行	世界图书出版广东有限公司
地　　址	广州市新港西路大江冲 25 号
电　　话	020-84459702
印　　刷	东莞虎彩印刷有限公司
规　　格	787mm×1092mm　1/16
印　　张	9
字　　数	113 千字
版　　次	2012 年 12 月第 1 版　2013 年 11 月第 2 次印刷
ISBN	978-7-5100-2189-3/TH·0004
定　　价	32.00 元

前　言

随着各国纷纷制定了机电产品的新的技术贸易壁垒，环保（如绿色材料、减少排放、循环使用）都要求强制实施，其中以欧盟 EUP、ROHS、WEEE 指令为代表，对机电产品的市场准入要求更加严格，对我国出口机电产品造成了较大影响。为此，我们要密切跟踪和深入研究新壁垒技术要求，推进环保合格的产品的应用和出口。

本书主要介绍欧洲、北美、澳新、日本、韩国几大贸易国和地区机电产品安全（包括EMC）环保合格评定程序和认证标志，如欧洲的 CE 标志，美国的 UL 标志，加拿大的 CSA 标志、澳大利亚/新西兰的 RCM 标志、日本的 "PSE" 标志及韩国的 E-K MARK 标志等。另外，对几大贸易国机电产品安全环保合格评定程序和认证标志也进行了介绍，对 EUP、ROHS、WEEE、RCACH 在各国实施情况进行列举，对各贸易国之间的互认情况进行分析比较。

通过本书的研究介绍，使我们更深入了解了各个贸易国的机电产品市场准入要求之间的联系和差异，这对我们控制高耗能、高耗材、高污染、高贸易摩擦产品的机电产品出口提高了技术参考；促进安全、环保、高质机电产品出口，提高机电产品出口增长质量和效益；对工作中有关机电产品信息咨询、检测、技术攻关将很有帮助，更好地提供上游合格供货商推荐等服务。

本书由"机电产品环保安全关键监控技术研究"课题组编写，主要编写人：楼润瑜（厦门出入境检验检疫局）、殷作为（浙江出入境检验检疫局）、王嘉珺（厦门大学）、刘畅（中国合格评定国家认可委员会）、俞祖（萧山出入境检验检疫局）、黄风雷（萧山出入境检验检疫局）、仇高贺（温州出入境检验检疫局）。

"机电产品环保安全关键监控技术研究"项目是国家质检总局于 2007 年批准立项的科技计划项目，计划编号：2007IK261。项目起止日期为 2008 年 1 月至 2009 年 6 月。参加研究单位：浙江出入境检验检疫局、上海出入境检验检疫局、厦门出入境检验检疫局、福建出入境检验检疫局、萧山出入境检验检疫局、天津出入境检验检疫局。项目主要研究人员：徐哲谆、陈瑞辉、傅培刚、楼润瑜、殷作为、张旭、黄风雷、朱凌、俞祖、何传贵、林淼、柯胜根、董春宇。项目负责人：贺水山、徐哲谆。

目 录

1　机电产品安全合格评定程序和认证标志

1.1　欧盟机电产品安全合格评定程序和认证标志

1.1.1　欧盟电气产品市场准入制度

根据欧盟指令，电气产品进入欧洲市场必须遵守指令中规定的涉及人体健康，安全和环境的基本要求。同时在欧盟指令中还根据产品可能存在的危险程度采取的不同合格评定模式，并且大多数的指令还规定了凡是符合欧盟指令要求的电气产品必须加贴"CE"标志方能进入欧洲市场流通。有关必须加贴"CE"标志的指令目录参见附件1。

1.1.1.1　欧盟指令的合格评定模式

根据全球方法的评定模式，所有的欧盟指令通常都会给制造商提供出几种合格评定程序（conformity Assessment Procedures）的模式（Module），制造商可根据自身和产品的情况量体选择最适合的模式。一般情况欧盟指令的合格评定模式可分为以下几种基本模式：

（1）8种基本模式（见表1-1）

表1-1　合格评定程序所采用的8种基本模式

模式 A	内部生产控制	涉及内部设计和生产控制，该模式不要求指定机构参与。（可采取自我声明方式）
模式 B	EC 型式检验	涉及设计阶段，依靠指定机构根据制造商提供的技术文件和样品进行检验，并由指定机构颁发"EC 型式检验证书"。
模式 C	型式合格+B	涉及生产阶段，在模式 B 之后进行。由制造商保证产品的制造过程与"EC 型式检验证书"（模式 B)所描述的型式的一致性。该模式不要求指定机构参与。
模式 D	生产质量保证+B	涉及生产阶段，在模式 B 后进行。涉及生产过程和最终检验，须由指定机构参与评定。
模式 E	产品质量保证+B	涉及生产阶段，在模式 B 之后进行。涉及制造商控制的产品最终检验。须由指定机构参与。
模式 F	产品验证+B	涉及生产阶段，在模式 B 之后进行。指定机构负责控制按照模式 B 颁发的"EC 型式检验证书"中所描述的型式，并颁发合格证书。

模式 G	单件验证	涉及设计和生产阶段。用于高风险产品，每个单件产品都要由指定机构进行检验。
模式 H	全面质量保证	涉及设计和生产两个阶段，包括设计，生产和最终产品检验阶段。由指定机构参与评定，并定期对制造商的质量保证体系进行监督复查。

（2）8种基本模式的派生模式

在基本模式的基础上，根据产品的不同和风险程度，又派生了下述几种模式，见表1-2。

表1-2　8种基本模式的派生模式

模　式	说　明	与基本模式相比所增加的要素
Aa1 及 Cbis1	内部生产控制，并对成品的一个或多个方面进行一次或多次实验	在生产阶段由指定机构对产品进行检查，所要检查的相关事项在指令中有明确规定
Aa2 及 Cbis2	内部生产标准，并不定期对产品进行检查	在生产阶段由指定机构对产品进行检查，所要检查的相关事项在指令中有明确规定
Dbis	不采用模式 B 的生产质量保证	要求技术文件
Ebis	不采用模式 B 的生产质量保证	要求技术文件
Fbis	不采用模式 B 的产品验证	要求技术文件
Hbis	对设计进行控制的全面质量保证	由指定机构对产品的设计或产品或其派生产品进行分析，并颁发 EC 设计检验证书

注意：表 1-1 和表 1-2 中分别所列的 8 种基本模式及派生模式可以任何方式结合，从而形成了新方法指令中采用的合格评定程序的基础。指令中所采用模式的复杂程度或严格程度根据产品的类型，所涉及的危险程度而定。

（3）合格评定模式的选用

产品可采用"自我声明"模式还是"必须通过第三方指定的认证机构"，一般应取决于产品本身可能存在的风险水平的高低。

欧盟的产品指令允许某些类别中的风险水平（Risk Level）最小（Minimal Risk）的产品的制造商选择以模式 A："内部生产控制（自我声明）"的方式进行 CE 符合性的声明。

对于风险水平较高的产品则必须通过指定的第三方认证机构 NB（Notified Body）介入。

模式 A 以外的其他模式的认证过程中，通常需要至少一家欧盟的指定机构（NB）参与合格评定过程中的一部分或全部。根据不同的模式，NB 则可能分别以：来样检测，抽样检测，工厂审查，年检，质量体系认证等不同方式介入认证过程，并出具相应的检测报告、证书等。对于每一个欧盟的产品指令，通常都有一个针对该产品指令的授权认证机构 NB 名录。相关指令及其被认可的指定机构的目录可通过欧盟网址：www.newapproch.org 查询。

1.1.1.2 技术文件

根据新方法指令，无论是采用何种合格评定模式——不论是采用制造商自我声明符合基本要求，还是需要指定机构的介入，制造商都需要准备技术文件。技术文件是说明产品达到安全要求的书面证明，也是提供产品符合指令的技术基础证据。

根据欧盟法律要求，加贴了 CE 标签的产品投放到欧洲市场后，其技术文件（Technical Files）必须存放于欧盟境内供监督机构随时检查。一般必须保存 10 年，技术文件中所包含的内容若有变化，技术文件也应及时更新。

（1）技术文件的内容

根据指令的不同情况，不同指令规定其技术文件的内容和详细程度取决于产品的类别、性质以及从技术角度应考虑的必要因素，目的是为了证明产品符合相关指令的要求，采用了协调标准（或其他有效标准），并声明产品与这些标准相符以表明产品与指令所规定的基本要求相符合。

一般技术文件需要包含产品设计，制造和运行的信息内容。技术文件可以包含系列产品的描述，技术文件的详细程度取决于产品的性质。通常应包括下列内容：

制造商(欧盟授权代理 AR)的名称、商号、地址；

产品的规格型号，编号；

产品使用说明书；

安全设计文件（如：关键结构图，即能反映涉及安全方面考虑的设计图）；

产品技术条件（执行的标准或其他标准文件）；

产品电气原理图；

产品线路图；

关键元器件或原材料清单；

测试报告(Testing Report)；

欧盟授权认证机构 NB 出具的相关证书(对于模式 A 以外的其他模式)；

EC 合格声明。

产品在欧盟境内的注册证书，比如：Ⅰ类医疗器械，普通 IVD 体外诊断医疗器械。

（2）技术文件的编写与保存

技术文件是制造商说明产品符合相关指令要求的文件，也是欧盟市场监督机构查验产品是否合格的依据。所以，技术文件的编写应遵循相关指令所规定的要求，应有条理、简明，资料和数据完整，并有说服力。

技术文件要用欧盟的一种官方语言（英语，德语，法语）编写，产品使用说明书必须翻译成产品使用国的语言。如果指令规定的合格评定程序要求指定机构参与评定，则技术文件应采取产品被评定的指定机构的成员国的一种官方语言进行编写，或采用该指定机构可以接受的语言编写。

技术文件应妥善保存，以供欧盟市场监督机构检验。技术文件的保存期应按产品相关指令的规定，一般为从产品完成制造的最后之日起计算保存起不少于10年。

技术文件由制造商或其确定的在欧盟的授权代理负责保存。若制造商在欧盟无授权代理，产品是通过欧盟的进口商投放市场的，则制造商应确保在市场监督机构查询时，随时可以提供相应的技术文件。

1.1.1.3 EC 合格声明

根据欧盟指令，EC 合格声明是由制造商或其在共同体的授权代表签发的证书。发布合格声明的制造商或制造商授权的代理是该声明书的唯一责任人。制造商或其授权代表向法定监督机构报告投放欧洲市场的产品符合应用于该产品的所有基本健康和安全要求。EC 合格声明通常也称之为制造商声明。如果多个指令是用于同一产品，可以将所有声明合并成一份。

EC 合格声明的内容各个指令规定不尽相同，但至少应包括：签发声明的制造商或授权代表的姓名和地址；产品识别：名称，规格和型号/系列号和其他相关的补充信息；产品所采用协调标准和其他标准、规范方面的信息；产品所符合的欧盟指令号及其名称；若指定机构参与合格评定，则应包括指定机构的名称、地址、识别编号和合格证明书的证书号等；合格声明的发布日期；签发声明人的身份及签名；其他所需要补充的信息。

1.1.2 CE 标志

1.1.2.1 CE 标志概述

新方法和全球方法指令大多都要求指令覆盖的产品在经过合格评定后应加贴 CE 标志方能投放市场，所以 CE 标志又被称为产品进入欧洲市场的通行证。CE 标志不是质量认证标志，它仅代表该产品完成了适合的合格评定程序，符合所适用的欧盟指令要求，CE 标志制度是欧盟电器产品的准入制度，是强制性法律条文的要求。产品只有带该符合性标志，方可在欧洲成员国家流通，并由欧盟各国政府负责管理和授权指定机构、政府及中介机构共同实施市场监督。

但并非所有的新方法和全球方法指令都使用 CE 标志，某些法令不提供也不允许使用 CE 标志，如包装和包装废物指令。或者未被技术协调的产品以及有些指令有独特的表示等情况。

1.1.2.2 CE 标志适用的国家

目前共有 28 个欧洲国家强制性地要求进入市场的产品携带 CE 标志，其中包括了 25 个欧盟成员国：奥地利、比利时、丹麦、芬兰、法国、德国、希腊、爱尔兰、意大利、卢森堡、荷兰、葡萄牙、西班牙、瑞典、英国、爱沙尼亚、拉脱维亚、立陶宛、波兰、捷克、斯洛伐克、匈牙利、斯洛文尼亚、马耳他、塞浦路斯，还包括了 1992 年欧洲共同体（EC）与欧洲自由贸易联盟协会（EFTA）签订协议建立欧洲经济区（EFTA）的 3 个国家：冰岛、列支敦士登和挪威。

2004 年 5 月 1 日加入欧盟的 10 个新成员：塞浦路斯、匈牙利、捷克、爱沙尼亚、拉脱维亚、立陶宛、马耳他、波兰、斯洛伐克和斯洛文尼亚 10 个中东欧国家入盟。

1.1.2.3 CE 标志样式及使用要求

（1）标志样式

根据指令规定，欧盟对 CE 标志的大小及样式有包装的规定。CE 标志的样式应如图 1-1 所示，并应根据需要同比放大或缩小，其中 CE 字体高度至少要 5mm。

（2）标志的使用要求

根据欧洲共同体关于 CE 标志使用的规定，产品及产品包装上应该按以下规定正确的加贴 CE。

制造商加贴的 CE 标志应遵循以下几点：

①CE 标志的组成如图 1-1 所示，必要时可按照图示中的比例进行放大或缩小。

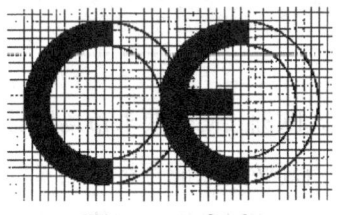

图1-1　CE标志

②除非在技术法规中有其他说明，否则标志的最小高度不小于 5mm。

③标志应该被粘贴在产品或铭牌上，若因为产品特性而不可能或不允许粘贴

④在产品上，则应贴在包装上，若相关法规要求产品附带某些文件，则应标于该文件上。加贴的 CE 标志必须清晰可辨、不易擦掉。

⑤针对不同的指令 CE 标志还需附加指令中规定的信息。

（3）加贴和使用 CE 标志的主要指导原则

CE 标志是产品进入欧洲市场的通行证，欧洲共同体所公布的指令中所涵盖的任何工业产品都必须加贴标志，除非具体指令另有规定。

加贴到工业产品上的 CE 标志表明，该产品已经被验证符合适用于它的欧洲共同体新方法指令。当产品同时需要符合其他指令，而且该指令还规定加贴 CE 标志时，CE 标志必须标明这些产品也符合这些其他指令的规定。禁止加贴容易使第三方对 CE 标志的含意和式样产生误解的任何的其他标志。一个产品可以加贴其他不同的标志，但这些标志不能同 CE 标志发生混淆。这些标志只有在不会降低 CE 标志的明视度和清晰度的条件下，方可加贴到产品上、产品包装上或随附于产品的文件上。CE 标志应由制造商或其在欧洲共同体的代理商加贴。为了防止滥用 CE 标志，欧盟成员国会通过对加贴 CE 标识的产品进行市场抽查来保证产品始终符合欧盟的规定。

如果某一欧盟国家确定 CE 标志已被不适当地加贴，根据具体指令规定，制造商、其代理商有义务按成员国的规定，使其产品符合要求，并停止其违反规定的行为。如不符合的情况继续发生，欧盟成员国必须采取一切适当措施限制或制止该产品进入欧洲市场，或者按规定的程序，确保其撤出欧洲市场。

1.1.2.4 指定"欧盟授权代理"

为了能确保 CE 标志认证实施过程中的要求得以满足，欧盟法规要求位于 28 个欧盟和 EEA 国家境外的制造商必须在欧盟境内指定一家欧盟授权代理（Authorized Representative），以确保产品投放到欧洲市场后，在其流通过程及使用期间产品安全的一贯性。

1.1.3 市场监督

1.1.3.1 概述

为保证市场监督的公正性，欧洲共同体要求市场监督工作必须由各成员国政府主管当局负责。各成员国市场监督主管当局必须保证有足够数量的合格和经验丰富的人员承担市场监督工作。在市场监督的过程中，还可以聘请专家协助工作。要保证测试数据的质量，主管当局所使用的测试设备必须符合 EN45001 标准中的相关准则，并保证主管当局的独立性以及公正性。

1.1.3.2 市场监督的责任部门

由成员国的相关政府负责进行市场监督。由于各成员国的管理体制差异，故市场监督的组织结构不尽相同。

实施监督机构主要有三种类型：中央政府、地方当局、州或自治区当局。

市场监督主管当局可将其技术任务（如测试或检验工作）转包给另外一个机构，但必须保留其作出最终决定的职责。

指定机构不得参与市场监督工作。为了避免利益冲突，必须明确区分合格评定和市场监督工作的不同性质。虽然指定机构和市场监督主管当局在成员国中受上级同一主管当局管理，但两个机构所承担的责任是不同的，指定机构负责开展合格评定活动，旨在保证产品在投放市场前符合新方法指令的基本要求，而市场监督机构的职责则是保证产品投放市场后符合新方法指令的基本要求。两者虽职责不同，但具有互补性。

注：产品投放到欧洲市场后，技术文件（Technical Files）必须存放于欧盟境内供监督机构随时检查。

对被市场监督机构发现的不符合 CE 要求的产品、或者使用过程中出现事故但是已加贴 CE 标志的产品，必须采取补救措施（比如从货架上暂时拿掉，或从市场中永久地撤除）。

已加贴 CE 标志之产品型号在投放到欧洲市场后，若遇到欧盟有关的法律更改或变化，其后续生产的同型号产品也必须相应地加以更改或修正，以便符合欧盟新的法律要求。

1.1.4 欧洲电工产品安全认证

1.1.4.1 欧洲认证组织

欧洲认证组织是欧洲电工标准化委员会（CENELEC）。早在 20 世纪 70 年代，为了实施电气产品的安全认证，欧洲电工标准化委员会(CENELEC)曾专门编制了一套安全标准，即 CEE 标准，并建立了一个电工产品认证用的 CB 体系，即 CENELEC 的各成员的认证检验机构互相承认检验结果。该 CB 体系已于 1985 年与 IEC 国际电工委员会合并，推广成为现今的国际电工委员会电工产品合格测试与认证组织推行的 CB 体系。1973 年 CENELEC 前身的成员国机构共同签署了一个 CENELEC 认证协议（CCA）。签署者互相约定，由某一参加签署的认证检验机构按某一协调标准作出的检验结果，将被其他参加签署的认证检验机构所承认。检验机构只需用一份"检验结果通知单"通知其他机构，即可得到他们的承认。

在 CENELEC 的管辖范围内，电线电缆的情况较为特殊，另有一个 HAR 协定。按此协定，欧洲各国中使用同一种电线电缆认证的协调标志，即由电线电缆厂所在成员国的认证机构对某种电线电缆产品进行认证后，可在该产品上加上该国合格标志，再加上一个(HAR)标志，此产品即可在欧盟国家中通用。我国国内的电线电缆企业是不能利用这个 HAR 协定的。

除 CCA 及 HAR 协定外，CENELEC 的电子元器件委员会（CECC）也建立了一个协调的质量证明体系，并于 2003 年 4 月与 IECQ 国际电子元器件认证组织合并成为 IECQ-CECC。

1.1.4.2 欧洲认证制度及标志

（1）欧洲认证制度产生背景

最初，欧洲各国的认证机构独立开发自己的合格评定程序、各自提出自己的一套要求，欧洲及以外地区的制造商必须符合各自国家和认证机构的要求才能获得各国的认证机构的证书并使用其标志。

随着协调标准在欧洲的发展，从 20 世纪 70 年代开始，一部分业界影响较大的认证机构渐渐走到了一起，开始对市场的需求作出了回应，产生了 CENELEC 认证协议（CENELEC Certification Agreement，CCA）。通过该协议，任何一个成员认证机构对加贴其他成员机构标志的产品认可，而不需进一步的测试。为使签署协议的所有成员机构能够按照同一要求进行认证，并对其他成员机构出具的报告具有足够的信心。制定了以下工作程序：

按照欧洲协调标准进行测试的要求；按 CCA 成员间达成一致的要求进行年度工厂检查；生产线上的产品监督和发证后的市场监督；测试专家间的经常性会议，讨论测试中的问题、测试方法；为维持和改善测试质量及认证计划的运作所需的比对评定程序；对未来可能加入该计划的潜在新成员的评估准则。

CCA 认证计划规则确保了欧洲认证机构间在有需要时可以互相获得对方的对认证产品的技术文档。该计划还确保了：成员实验室间测试的一致性；对生产厂的定期的检查；对产品的经常性的核查以确认其符合相关安全标准；产品的变更得到了评估。

这些规则、程序已成为世界其他地区认证计划的样板，同时也是国际组织 IECEE-CB 体系运作的基础。

（2）CCA 的三个认证计划

CCA 计划的经验随后便被用于开发电工产品领域的三种欧洲协调标志计划的工作。HAR 计划是其中最早出现的一个，用于电线电缆的认证。在有关行业的全力支持下，ENEC 标志计划被第二个开发出来，最初用于照明电器、照明部件的认证。后来在相关工业界的要求下，ENEC 计划的产品范围又扩展到信息技术设备和电子元件类。第三个计划，也就是 Keymark EMS01 计划覆盖了家用电器。这三个计划的成员，大多数也是 CCA 计划的成员，所有 CCA 成员帮可使用这些共同的欧洲标志。这些标志通过识别码的使用可以追溯到发证机构。

HAR、ENEC、Keymark 认证计划全部采用了 ISO 推荐的第五种认证模式，即认证过程包括产品的型式试验、生产厂的现场检查和发证后的监督检查。

①HAR 认证标志(电线电缆认证标志)

HAR 认证计划是最早提出的一个通用标志，是基于欧洲相互认可协议（European Mutual Recognition Agreement）的一个认证计划。HAR 认证专用于电线和电缆，享有较高的信誉，已成为欧洲市场事实上的一个标准。

A.成员国家

目前有 19 个国家的 19 个认证机构签署了该协议。HAR 协议签约机构如下： AENOR（西班牙）、BASEC（英国）、BBJ-SEP（波兰）、CERTIF（葡萄牙）、Electrosuisse（瑞士）、ELOT（希腊）、EZ0（捷克）、IMQ（意大利）、Intertek Semko（瑞典）、KEMA（荷兰）、LCIE（法国）、MEEI（匈牙利）、NEMKO（挪威）、SGS Belgium（比利时）、SGS Fimko（芬兰）、TSE（土耳其）、UL-DEMKO（丹麦）、VDE（德国）、OVE（奥地利）。

B.HAR 协议包括的电线产品种类

在 HAR 协议中包括有 6 大类电线电缆产品的 67 个协调标准：

额定电压 450/750V 及以下热塑性绝缘电缆（20 个 HD 标准）；

额定电压 450/750V 及以下交联绝缘电缆（35 个 HD 标准）；

扁形聚氯乙烯护套软电缆（3 个 HD 标准）；

额定电压不超过 750V 的矿物绝缘电缆（4 个 HD 标准）；

空载运行额定输出电压 1 到 10 kV 的信号和发光放电管装置用电缆（4 个 HD 标准）；

便携式接地设备和短路设备用电缆（1 个 HD 标准）。

C.标志样式（见图1-2）

图1-2 HAR标志样式

②Keymark 认证标志

Keymark 是由 CEN-CENELEC 发起的一项认证计划, Keymark 是协约国之间互相认的第三方认证标志。

A.成员国家和机构（对于电气类产品）

目前,对于电气类产品,有 18 个国家的 18 个认证机构签署了该协议:AENOR（西班牙）、ASTA BEAB（英国）、CERTIF（葡萄牙）、E1ectrouisse（瑞士）、EZÚ（捷克）、IMQ（意大利）、Intertek Semko（瑞典）、KEMA（荷兰）、LCIE（法国）、MEEI（匈牙利）、NEMKO（挪威）、SGS CEBEC（比利时）、SGS Fimko（芬兰）、SIQ（斯洛文尼亚）、TRPS（德国）、TSE（土耳其）、OVE（奥地利）、SEE（卢森堡）。

B.Keymark 协议的产品覆盖范围

Keymark 标志开始专用于 LVD 指令中相关的家用电器产品。主要适用于 EN 60335 系列标准，根据欧盟网上的目录共涉及 25 个家用电器的产品和标准，如：真空吸尘器和吸水式清洁器、电熨斗、离心式脱水机、洗碟机、驻立式电灶、灶台、烤炉洗衣机、电动剃须刀、电推剪、面包片烘烤器、烤架、电烤炉、地板处理机和湿式擦洗机干衣机、保温板、深油炸锅、煎锅、厨房机械、液体加热器、废弃事物处理器电热毯、电热垫、贮水式电热水器、皮肤及毛发护理器具、冰箱、食物冷冻箱和制冰机、微波炉等家用电器设备。

近期，随着欧洲市场的发展和客户需求，从 2001 年起对该体系的规则进行修改，直到 2006 年 8 月，CEN-CENELEC 再次对 Keymark 体系的规则进行修改并实施。目前在产品类别上已经不仅限于家用电器类产品，逐步扩大到了玩具类，太阳热能产品，热绝缘类产品建筑材料等非电气类产品。

C.标志样式（见图 1-3）

图1-3 Keymark 标志样式

——显示符合相关的欧盟安全要求；

——证明独立的第三方认证；

——在大多数欧洲国家均被认可；

——显示制造商的质量控制系统符合钥匙标志的要求；

——检验制造商的生产控制系统；

——提供 CE 文件的技术支持。

③ENEC 标志认证(照明器具和信息技术设备及电子安全元件)

A.概述

ENEC 是欧洲认证计划（European Certification Scheme）的一个产物，基于 1993 年签署的 ENEC301 协议，其目的是在适用的欧洲标准的基础上颁发一个通用的欧洲标志，努力消除现存的国家技术条件和国家差异。ENEC 为照明器具、元件、安全变压器、开关装置、电容器、过滤器和信息技术设备等提出了一个欧洲认证标志，被所有签约认证机构接受和认可，是一站式欧洲认证。目前该计划有来自 21 个欧洲国家的 23 个认证机构参加。

B.成员国际认证机构

目前，ENEC 协议的签约机构来自 23 个国家：AENOR（西班牙）、ASTA BEAB（英国）、

BSI（英国）、CERTIF（葡萄牙）、Electrosuisse（瑞士）、ELOT（希腊）、EZÚ（捷克）、IMQ（意大利）、IntertekSemko（瑞典）、KEMA（荷兰）、LCIE（法国）、MEEI（匈牙利）、NEMK（挪威）、NSAI（爱尔兰）、SGS Belgium（比利时）、SGS Fimko（芬兰）、SIQ（斯洛文尼亚）、SNCH（卢森堡）、TRPS（德国）、TUV PS（德国）、UL-Demko（丹麦）、VDE（德国）、OVE（奥地利）。

C.ENEC 协议的产品覆盖范围

ENEC 协议主要涉及三大类产品：照明器具类、信息技术设备和电子安全元件。

照明类产品：EN 60598 系列标准所覆盖的产品，其中主要包括了：固定式灯具、嵌入式灯具、路灯及街灯、可移动式灯具、泛光灯、带内置变压器的钨丝灯、可移动式庭院灯、手提灯、（非专业）照相和电影灯、可持式吸引儿童的灯具、舞台灯、影视、舞台照明灯、泳池灯、通风式灯具和灯串等约 40 种产品。

信息技术和电子商务设备：标准 EN 60950 覆盖范围内的产品都可以申请。

电子安全元件：主要包括管状荧光灯用镇流器、放电灯用镇流器、直流供电式镇流器、交流供电式镇流器、起辉器、启动电容器、灯座和各式灯座，安全变压器、开关以及布线系统等 50 多种。涉及的标准主要为 EN 61058，EN 60920，EN 60400，EN 60742，EN 61558，EN 60730 等系列标准。

D.标志样式（见图 1-4）

图1-4　ENEC标志样式

标志 ENEC 是英文欧洲标准电气认证的首写字母。

获得 ENEC 标志认证的产品信息所有获得 ENEC 标志认证的产品信息都会被录入中心数据库，在任何需要的时候，享有 ENEC 标志颁证资格的认证机构、生产厂商、使用者、消费者和政府当局都能够从中心数据库得到最新的信息。

ENEC 标志认证受生产厂商、消费者和认证机构所组成的泛欧协会顾问委员会的监管。

注意：CENELEC 认证协议（CCA）包括家用器具、消费电子、控制器、JT 设备和家用照明以及测量工具。在 CCA 组织前提下，欧洲认可机构同意接受每个其他签署本协议成员国的测试报告。测试结果的通告（NTRs）要由各签约机构发布。这个组织是多向的。所有 CCA 成员的测试报告均可获得各签约国的产品许可。反之，获得 CCA 成员机构的产品认证也就同时可以申请获得 KEY 标志，ENEC 标志和 HR 标志。对于制造商对制造商的益处：

CCA 协议标志与成员机构的认证标志可以分开使用，也可一起使用，或者视为直接被 25 个国家接受认可，加速产品市场运转。

1.1.4.3 北欧四国认证互认体系

（1）概述

北欧认证服务协议(EMKO 协议)是北欧四国 EMKO 机构（Demko，Fimko，Nemko，Semko）于 1963 年签署的认证合作协议。Demko、Fimko、Nemko、Semko 分别是丹麦、芬兰、挪威、瑞典的国家认证机构。通过该协议，申请人只需一次申请和送样就可以获得（D）、（FI）、（N）、（S）四个标志。由于北欧国家一向有关注产品安全性的传统，所以产品上贴有这四个标志可以令人觉得产品更安全。

EMKO 协议适用于北欧市场，但在该地区以外也获得了认可，可用于有适用的 EN 标准、HD 文件（Harmonized Documents 协调化技术文件）、IEC 标准和北欧（Nordic）技术要求的电器设备。EMKO 协议是个开放的协议，对生产厂的地理位置没有限制。目前，每年通过该协议颁发约 2500 张证书。

（2）标志样式

北欧四国认证标志如图 1-5 所示。

图1-5　北欧四国认证标志

1.2 北美地区机电产品安全环保合格评定程序和认证标志

1.2.1 法律法规体系

1.2.1.1 美国技术法规体系

（1）概述

美国技术法规政策主要体现在经由总统签署的法律、各联邦机构的法规、总统行政命令。其中由总统签署的法律编入《美国法典》（united States Code，USC），各联邦机构的法规和总统令编入《美国联邦行政法典》（Code of Federal Regulations，CFR），属于规章制度类。

《美国联邦行政法典》CFR 是根据《美国法典》USC 的有关法律制定的，而且其中有相当一部分是 USC 法律规定的具体实施。因此 CFR 是对 USC 的重要补充，是使 USC 法典中的规定得以实施的重要手段。也就是说在市场准入方面必须关注和执行 CFR 的有关规定。

《美国联邦行政法典》CFR 的结构与分类按照政治、经济、工农业、贸易、电讯等方面分为 50 卷，共 140 余册。其中与电气产品进出口业务有关的法规有：第 15 卷商业与贸易、第 16 卷商业、第 17 卷商品与安全贸易、第 21 卷食品和药品、第 47 卷通讯等。

《美国联邦行政法典》每一年更新一次，联邦政府公报室具体负责对每年编辑的联邦政府公报进行拆解，重新组合，每次更新，全部换套封、封面，但并不是将原来的所有内容全部删除重印。对相应修改或变动较多的，将原件抽出更新；修改或变动较少的，在该期的封底另页补充；没有修改或变动的，将原封面换为新版封面，注明新日期。

（2）与电气产品市场准入有关的法规介绍

①FCC 法规

美国联邦通讯委员会（Federal Communication Cominission，FCC）是美国政府授权管理无线电、通讯及数字设备的机构；管理进口和使用无线电频率装置，包括电脑、传真机、电子装置、无线电接收和传输设备、无线电遥控玩具、电话、个人电脑以及其他可能伤害人身安全的产品；通过控制无线电广播、电视、电信、卫星和电缆来协调国内和国际的通信，对这方面的设备实施管制。

FCC 联邦通讯委员会颁布的 FCC 法规和条例被汇编在《美国联邦行政法典》CFR 47 卷中。其按产品类别分部分规定了各类产品应符合的辐射发射和传导发射限制标准、测量方法以及申请认证的程序和市场管理条例和处罚办法。要求其管制范围的产品进入美国市场必须通过由政府授权的实验室根据 FCC 技术标准进行检测和批准。

进口商和海关代理人要申报每个无线电频率装置符合 FCC 标准，即 FCC 许可证。FCC 法规（即 CFR 47 卷）是美国政府对其市场上销售的、有电磁辐射的电子产品进行 EMI 控制、认证、标识、市场管理和监督及违规处罚依据的法律文件。

②FDA 法规

美国对于具有辐射放射的电子产品是通过联邦立法的形式来控制这类电子产品辐射安全，防止消费者因使用该类产品对健康造成的影响。具体是通过 USC《联邦食品、药品和化妆品法案·第 V 章·第 C 子章——电子产品的辐射控制》，即原来的《辐射的健康和安全控制法案——1968》来保护公众避免受到电子产品可能危及健康的辐射。美国健康和人类服务部（DHHS 或 HHS）负责制定了《电子产品辐射安全的控制条例》。

美国食品及药物管理局（Food and Drug Administration，FDA）是美国政府在健康和人类服务部（DHHS 或 HHS）和公共卫生部（PHS）中设立的执法机构之一。众所周知 FDA 为美国管理食品、药品、化妆品、医疗器材的主管机构，但多数生产商、进出口商却疏忽了释放辐射电子产品亦为该署管制产品之一。

FDA 经 HHS 授权，依据 USC《联邦食品、药品和化妆品法案·第 V 章·第 C 子章——电子产品的辐射控制》和《电子产品辐射安全的控制条例》、《联邦行政法规 CFR21·第 I 章·第 J 子章——辐射健康》，对电子产品辐射控制进行管理。具体由 FDA 下属的设备和辐射性健康中心（Center for Devices and Radiogical Health，CDRH）来负责实施。

③《美国消费产品安全法》（Consumer Product safety Act，CPSA）

《美国消费产品安全法》（Consumer Product safety Act，CPSA）于 1972 年颁布。该法设立了联邦政府独立的健康和安全管理机构——消费产品安全委员会（consumer Products Safety Commission，CPSC），它的职责是保护广大消费者的利益，通过减少消费品存在的伤害及死亡的危险来维护人身及家庭安全。

CPSA 中阐释了 CPSC 的基本权力，规定当 CPSC 发现了任何与消费产品有关的能够带来伤害的过分的危险时，制定能够减轻或消除这种危险的标准。它还允许 CPSC 对有缺陷的产品发布召回（那些不在 CPSC 管辖范围内的产品除外）。

CPSC 管辖多达 15000 种用于家庭、体育、娱乐及学校的消费品。但车辆、轮胎、轮船、武器、酒精、烟草、食品、药品、化妆品、杀虫剂及医疗器械等产品不属于其范围内。

④《美国国家电气规范》（National Electrical Code，NEC）

《美国国家电气规范》（National Electrical Code，以下简称《国家电气规范》）是由美国消防协会（National Fire Protection Association，NFPA）发布，该法规的宗旨是为人民和财产提供安全的电气产品及安全的电气安装，避免电气引起的危险。核心是消防安全、电气安全以及触电危险的防护，降低火灾危险。NEC 在照明、电气材料等方面规定了一系列的安全标准要求，涵盖了公共与私有建筑物或其他结构、工业设施以及娱乐场所的电导体与电气的安装。国家电气规范 NEC 仅为参考法规，除非地方政府或其他管理机构采用其中的部分法规或全部法规，即为强制性的，否则并非强制要求。不过 NEC（《国家电气规范》）几乎被所有美国的 50 个州视为标准，用来规范新建筑及创新项目中的电气安装。NFPA 发布了最近一期 NEC2005 版，在所有采用 NEC 的州及自治市都具有可实施性。

美国职业安全与健康管理局（Occupational Safety and Health Administration，OSHA）是负责执行工作场所安全法规的联邦政府机构，负责制定相关安全法规和标准。OSHA 要求工作场所使用的电气产品必须获得由国家认可的测试实验室（NRTL）的认证。

⑤各州、地方电气安全的法规

美国是一个地方自治很强的国家，地方和州立法律以《国家电气规范》为指导，制定并执行各州的建筑法令和卫生与安全规定。与联邦政府的做法相反，地方政府一般都依靠独立实验室的认证来表示符合有关安全要求。

美国技术法规需要实施认证的情况（与电子产品相关的部分），见表1-3。

表1-3 美国技术法规认证情况

部门名称	认证产品范围	依据	标准	认证性质
商务部	信息处理设备／出通道及接口	联邦法规	联邦信息处理标准	自愿,公布目录
消费品安全委员会（CPSC）	家庭、学校和娱乐场所用的消费品	消费品安全法	法规规定的标准、机构制定和认可的标准	强制
	危险物品(有毒、腐蚀、易燃、辐射、放射性、产生压力的化学品,以及盛放它们的容器)	联邦管制危险物品法	机构指定的标准	强制
联邦通讯委员会(FCC)	电磁兼容	联邦通讯法	FCC 颁布的标准	强制,未经认证不准销售
食品药物管理局(FDA)	电子产品—微波炉、激光、太阳灯、超声波治疗设备、X 射线设备、电视机、汞汽灯	联邦法规	机构制定的标准	强制,未经认证不准销售
	医疗器械	食品、化妆品、药品法令	FDA 制定、认可的标准	强制

1.2.1.2 加拿大技术法规体系

（1）概述

作为联邦制国家的加拿大，有健全的联邦法律法规体系，各省和地区也有自身的法律和法规。联邦政府和各省或地区政府间权力不完全相同。

联邦政府主要管辖国家防卫及通信立法，而各省和地区侧重管辖教育、卫生和电气安全领域立法。加拿大的技术法规包括法令（Act）和法规（Regulations）两部分，由各有关主管当局负责制定。一般而言，法令是从宏观上作出一些基本规定，法规则是实现法令基本规定的具体化实施细则，少则1个，多达几十个。加拿大技术法规明确规定受法规约束的产品类别、技术内容以及违反规定的行政惩罚制度。目前，加拿大与产品进出口贸易相关的技术法令有 30 个，相关的技术法规有 95 个。

就电气安全立法而言，由各省独立的电气安全立法机构负责。但加拿大政府授权加拿大标准化协会（CSA）编制了统一的《加拿大电气法》（Canadian Eleetrical Code，简称 CEC），其中包括了引用的技术标准的内容。该法令本身并没有法律效力，只有被各省地方法规引用才具有法律意义。事实上，全加拿大的安全立法环境是类似和一致的，各省各自立法的依据都是加拿大政府颁布的《加拿大电气法典》（CEC），也即加拿大各省和地区均采用和执行（Enforce）同一法典（CEC），个别省和/或地区会做较小修改。

加拿大政府就电磁兼容 EMC 及辐射等方面也有相应的法律、法规进行控制。

（2）电气电子产品出口至加拿大通常应执行的法律法规

①《海关产品标识原产地的法律/法规》[Custom Act/Regulations for Determination of Country of 0rigin for the Purposes of Marking Goods（Non-NAFTA Countries）]

按该法及海关税率表（Customs Tariff），进口商品应标明原产地标记，电子电气设备归属该法管制范围。任何人不得进口未按海关税率表第 19 章规定加贴产地标记的产品，每次违例将被处罚 250 加元。

②《加拿大电气法》（Canadian Electrical Code Part I& II）

《加拿大电气法》(CEC)第 1 部分一电气安装(引用 CSA 标准：CSA C22.1 Safety Standard for Electrical Installation）主要规定了全加拿大各类建筑物的电气装置中，按各种电压或按预定的各种电压工作的电气设备的电气施工作业和安装要求。其涵盖的内容广，并作为各省和地区制定电气安全或保护法或法规的依据。

例如，英属哥伦比亚省（British Columbia）就在其《电气安全法案》（Electrical Safety Act）下属的《英属哥伦比亚省电气条例》（B. C. Electrical Code Regulation）中明确地将完整的 CEC 作为《哥伦比亚省电气条例》。

而 CEC 第 2 部分一消费类及商业产品（引用 CSA 标准：CSA C22.2）按照电器设备、IT 及 AV 设备、电动工具、测试设备等 9 大类别规定了各类电气设备的标准；其中包括产品规范、测试方法、设计要求、分类以及电气产品的认证等方面的要求。与世界上很多国家一样，加拿大标准均是自愿性的，而 CSA C22.2 系列标准被 CEC 整份引用，成为 CEC 的组成部分得以强制执行。

在音视频和 IT 类设备中主要规定了以下标准，具体见表 1-4。

表1-4　音频和IT类设备CSA标准清单

序号	标准编号	标准名称	采用 IEC 标准的情况
1	C22.2 NO.98-1954（R2002）	电控无线发射台结构和测试 Construction and Test of Power-operated Radio Transmitters	
2	CAN / CSA-C22.2 No. 226—92（R2001）	电讯网络的保护 Protectors in Telecommunication Networks	

3	CAN / CSA-C22. 2 No. 60065—03	音频、视频及类似电子设备的安全要求 Audio、Video and Similar Electronic Apparatus——Safety Requirements	CE1 / IEC 60065：2001 seventh Edition, 2001-12, including Corrigendum 1：2002, with Canadian deviations
4	CAN / CSA-C22. 2 NO. 60950-1-03	信息技术设备安全第1部分：一般要求 Information Technology Equipment——safety-Part1：General Requirements	Bi-National standard, with UL60950-1
5	CAN / CSA-E60825-1-03	激光产品的安全第1部分：设备 Safety of Laser Products——Part 1：Equip-ment Classification Requirements and User's Guide	IEC 60825-1：1993+A1：1997+A2：2001, edition 1. 2, 2001-08, with Canadian deviations
6	CAN / CSA-E61965-04	阴极射线管的机械安全 Mechanical Safety of Cathode Ray Tubes	IEC 61965：2003, second edition, 2003-07

其他产品类别的标准清单，可以通过以下网址查询：

http://www.csa-intl.org/onlinestore

③《无线电通讯法令/法规》（Radio communication Act&Regulations）

该法令/法规主要是规范在加拿大市场上使用、销售的电子电气产品的电磁发射值，使其不超过规定的限值，从而使无线电通讯设施不受到有害辐射的影响，保证正常运作。该法由加拿大工业部负责制定、修订、执行和监管。

法令主要规定了产品在电磁兼容方面应符合的总原则，工业部部长的权限，立法委委员的职能，市场监管的程序以及处罚。

④《辐射发射设备法令/法规》（Radiation Emitting Devices Act&Regulations）

该法令/法规涉及产生辐射发射设备（含消费、医疗和工业产品）的进口和销售，规范产生电磁波、声波、紫外辐射和X射线的设备，限制由此类设备发射的能量级。

法令主要规定了产品在辐射安全方面应符合的总原则，市场监管的程序以及制定法规的说明。

按照法令规定，任何人不得销售、租赁或进口不符合标准要求的产生辐射射线的设备，否则，依据即席判决（on summary conviction）对违法者可处以5000加元以下的罚款，或经公诉程序判决（on conviction on indictment）对违法者可处以10000加元以下罚款。

该法令由加拿大健康部负责，类似于美国的FDA法规，对于非医疗的辐射电子产品加拿大也采用了制造商自我声明的方式，但主管部门要对检测报告实施审核。

⑤《竞争法》（Competition. Act）

《竞争法》的任务是维持和鼓励加拿大市场的竞争。该法的目的是提高市场信息的质量和准确性以及防止拓展市场过程中的欺骗行为。尤其是明令禁止以任何形式向公众提供虚假材料和带误导性质的宣传，产品标签上不得出现虚假和易误解的信息。

1.2.2 市场准入要求

1.2.2.1 美国的市场准入要求

进入美国市场的电气电子产品必须符合的要求有：

防电磁辐射的 FCC 强制认证；

美国食品和药品管理委员会（Food and Drug Administration）FDA 强制认证。

在电气安全方面，美国各州的要求不尽相同，但是一般都要求产品取得安全认证，如 ETL，UL 认证等。

（1）FCC 认证

①FCC 机构介绍

美国联邦通信委员会 FCC 是美国政府的一个独立机构，直接对国会负责。FCC 通过控制无线电广播、电视、电信、卫星和电缆来协调国内和国际的通信。FCC 的工程技术部(Office of Engineering and Technology)负责委员会的技术支持，同时负责设备认可方面的事务。受管制的无线电应用产品、通讯产品和数字产品要进入美国市场，都必须获得 FCC 的认可。海关负责检查确保进口产品符合相关 FCC 标准的规定。

FCC 对工作频率在 9 kHz 以上的电磁干扰均有管制。

②产品范围

FCC 认证涉及的范围包括：通讯产品、电子仪器仪表、数字式电子设备、医疗电子设备、电子遥控玩具、家用电器，受 FCC 管制的电子产品类别：个人电脑、CD 播放机、复印机、收音机、传真机、视频游戏机、办公机械、电子玩具、电视机、微波炉等。

这些产品按用途被划分为 A、B 两大类，A 类为用于商务或工业用途的产品，B 类为用于家庭用途的产品。以上产品如果想出口到美国，必须通过由政府授权的实验室根据 FCC 技术标准来进行检测和批准。

③FCC 检测依据标准

在 FCC 法规 CFR 47 相关部分，规定了各类产品应该符合的技术要求、检测方法、评估要求等标准内容。FCC 法规 CFR 47 相关部分清单见表 1-5。

FCC 按 A、B 类产品类别的划分，对其的技术要求有所不同。FCC 对 B 类产品法规要求更严格，这是因为，家庭用户一般缺乏专业技术人员所具有的专业技能训练；另外家庭的电气安全环境也不如办公环境有利。所以对家庭用户使用的产品比对商务工业环境使用的产品安全要求更为严格。

表1-5 清单

CFR 47 相关的FCC 部分	名 称	涉及的产品类别
FCC Part2	一般性要求 General rules and regulations	
FCC Part15	无线射频设备 Radio Frequency Devices	无线射频设备 包括IT类设备及音视频设备
FCC Part18	工、科、医设备 Industrial, scientific and medical equipment	工、科、医设备，包括微波炉
FCC Part22	公共移动服务 Public mobile services	包括移动电话
FCC Part68	电话网络连接及端子设备 Connection of terminal equipment to the telephone network	包括电信设备
FCC Part95	个人无线服务 Personal radio services	包括遥控玩具

根据美国联邦通讯法规（CFR 47）相关部分的规定，凡进入美国的电子类产品都需要进行电磁兼容认证(一些有关条款特别规定的产品除外)，其中比较常见的认证方式有 3 种：Certification、DoC、Verification。这 3 种产品的认证方式和程序有较大的差异，不同的产品可选择的认证方式在 FCC 相关法规文件中有规定。其认证的严格程度递减。针对这 3 种认证，FCC 委员会对实验室的资质也有相关的要求。

①自我验证 Verification

制造商或进口商自我确保其产品进行了必要的检测，以确认产品符合相关的技术标准并保留检测报告，FCC 有权要求制造商提交设备样品或产品的检测数据。适用于自我验证的设备包括商用计算机、TV 和 FM 的接收器及 FCC Rule Part 18 的非大众消费者使用的工业、科研和医疗设备。

②符合性声明 DoC

设备负责方(一般为制造商或进口商)必须在 FCC 指定的合格检测机构对产品进行测试，以确保孳备符合相关的技术标准并保留检测报告，FCC 有权要求负责方提交设备的样品或产品的检测数据。若产品符合 FCC 标准，则在产品上加贴相应标签，在用户使用手册中声明有关符合 FCC 标准规定，并保留检测报告以备 FCC 索要。适用于符合性声明的设备包括家用电脑及外设、民用广播接收器、超再生接收器、FCC Rule Part 15 的其他接收器、电视机接口设备、电缆系统终端设备和 Part 18 的大众消费者使用的工业、科研和医疗设备。同时对适用于 Verification 的产品也可采用 DoC 认证方式。

负责方应使设备上有如下标记：

LABEL A：用于基于整机测试获得认可的产品，应采用 LABEL A 标识。

LABEL B：如果产品是组装而成，单独组件依据 section 15 101(c)(2)或(c)(3)获得认可，组装而成的产品未进行测试，应采用 LABEL B 标识，见图 1-6。

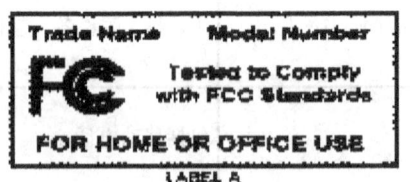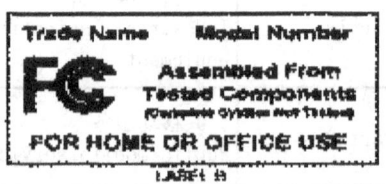

图1-6 FCC标签

③认证 Certification(获取 ID)

FCC 对申请者提交的样品(或照片)及检测数据进行审核，如果符合 FCC 规则的要求则给设备授权一个 FCC ID 号码。适用于认证的设备包括低电发射器如无绳电话、自动门的遥控器、无线电遥控玩具和安全警报系统，Part 15 的故意性发射无线电频率能量的设备，Part 18 的大众消费者使用的工业、科研和医疗设备，自动变频接收器和超再生接收器，电视接口设备，以及家用电脑及其外设。负责方应使设备上有 FCC ID 的标记，见图 1-7。

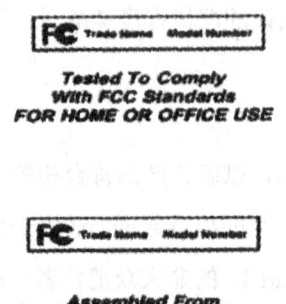

图1-7 FCC ID 标识

如果 FCC 法规规定，某类设备适用于 2 种或 3 种认证种类，则由负责方选择任何一种都可以。FCC 三种认证模式比较见表 1-6。

表1-6 FCC三种认证模式比较

认证模式	适用产品	检测机构	认证程序	关键点
自我验证	适用于技术较成熟的产品： —商用计算机； —TV 和 FM 的接收器； —FCC Part 18 的非大众消费者使用的工业、科研和医疗设备。	列名实验室（Listed Lab.）以上级别的实验室	1. 向列名实验室以上级别的实验室申请进行测试； 2. 向实验室提交产品资料和样品； 3. 由实验室按 FCC 法规进行样品测试； 4. 测试通过后，实验室出具合格报告。	责任人负责保存检测报告以被 FCC 抽查。
符合性申明	这类申请产品主要针对于 IT 产品和周边辅助设备： —家用电脑及外设； —民用广播接收器； —超再生接收器； —FCC Part 15 的其他接收器、电视机接口设备、电缆系统终端设备； —Part 18 的大众消费者使用的工业、科研和医疗设备。	国家自愿性实验室 NVLAB（National Voluntary Lab.）	1. 向得到认可的 NVLAB 实验室提出测试申请； 2. 向实验室提交产品资料和样品； 3. 由实验室按 FCC 法规进行样品测试； 4. 测试通过后，实验室出具合格报告； 5. 企业保存产品文件技术资料和测试合格报告，以便 FCC 委员会抽查； 6. 企业在产品上标识 FCC 标志。	1. 不需 FCC 人员审查测试报告，厂商可使用自我验证的方式； 2. DoC 自我声明必须由 NVLAB 级别以上实验室完成测试和报告； 3. FCC Class A 的产品可使用 Doc 方式申请程序不需经由 FCC 委员会审核。
认证	适用于技术难度较大的无线电产品等： —消费类的节能灯； —低电发射器如无绳电话、自动门遥控器、无线遥控玩具和安全警报系统； —Part 15 的故意性发射无线电频率能量的设备； —Part 18 的大众消费者使用的工业、科研、医疗设备； —自动变频接收器和超再生接收器，电视接口设备，家用电脑及其外设。	测试认证机构 TCB（Testing Certification Body）	1. 企业向联邦委员会申请 ID； 2. 在得到 FCC 委员会认可的实验室完成质量测试； 3. 企业准备相应的文件资料：申请商和生产商名称地址、简要工作原理图、产品电路图、经认可实验室的测试报告、样品外观和标识照片； 4. 将文件资料和测试报告一并提交 FCC 委员会； 5. 委员会审查报告和资料，如果没有问题，发出认可证书； 6. 企业在产品上标识 FCC 标志和 ID 号。	1... 必须由 FCC 委员会人员审查实验报告，经核准后发给认可证书； 2. 通过认证取得 FCC ID 号需满足最严格的要求，必须由 TCB 实验室（认证机构）认可才可发 ID 号。

　　申请 FCC ID 的过程都可以在 www.fcc.gov 上完成。先申请一个 FCC 登记号码(FCC Registration Number，FRN)，用来填写其他的表格。如果申请人是第一次申请 FCC ID，就需要申请一个永久性的申请人编码(Grantee code)。在等待 FCC 批准分发给申请人编码的同时，

申请人应抓紧时间将设备送 FCC 指定的合格检测机构进行检测。待准备好所有 FCC 要求提交的材料并且检测报告已经完成时，FCC 应该已经批准了编码。申请人用这个编码、检测报告和要求的材料在网上完成 FCC Form 731 和 Form 159。FCC 收到 Form 159 和汇款后，就开始受理认证的申请。FCC 受理 ID 申请的平均时间为 60 天。受理结束时，FCC 会将 FCC ID 的原件寄给申请人。申请人拿到证书后就可以出售或出口相应产品了。

④FCC 登记在册的检测实验室名单

凡符合 FCC 法规 Part 2．948(Description of measurement facilities)的规定，向 FCC 提供其用于 PART 15 和 PART 18 中认证检测设备的信息，并表明可向公众提供合同性检测服务的检测机构，都可在 FCC 进行登记备案，便有资格出具 FCC 检测报告。

为方便公众获取此类信息，FCC 在其官方网站上向公众发布已登记的检测机构名单和具体联系方式。但 FCC 对名单上的机构实际检测能力并不承担任何责任。因此，此类检测机构也不得以广告或其他方式表示 FCC 已认可其实验室。由需要进行此类检测服务的有关组织或个人自行选择其中的检测机构。

可从以下网址查询相关检测机构： http://www.fcc.gov/oet/info/datalbase/testsite

（2）FDA 对辐射电子产品的管制

①FDA 管制辐射产品的目的

美国政府授权食品与药品管理局(FDA)对辐射产品的安全进行管制，目的是确保美国本国生产和进口的医疗设备和放射/辐射产品的安全。保护使用这类设备人员的人身健康和安全。FDA 主要负责辐射类产品在使用或消费过程中产生的电离、非电离辐射影响人类健康和安全项目的检测、检验和发布证书。FDA 通过以下 4 个方面实施控制：

A.制造商应对产品符合性进行认证/或确认；

B.提交产品报告给 FDA 的 CDRH 部确认备案；

C.美国海关的严格监控；

D.市场监督及严厉的纠正程序。

②电子辐射产品 FDA 管制机构

美国食品药品管理局 FDA(Food and Drug Administration)分设很多部门管制不同的产品。其中 FDA 设备与辐射健康中心(CDRH)专门负责控制有辐射产品进入美国市场的销售。该中心除确保新上市的医疗器械的安全之外，对于一些像微波炉、CRT 电视机、移动电话等可能产生辐射的产品，负责制定相应的安全标准，并对其符合性进行管制，负责督促、监督制造商们遵守这些标准的规定。

根据《美国联邦条例》(Code of Federal Regulation, CFR)第 21 条，第Ⅰ章，第 J 分章一

电离辐射健康(Radiological Health)规定，凡是含辐射的电子产品进入美国市场都必须向 FDA 提交报告、进行审核，并发放市场准入号码(accession number)。这些产品出口到美国在填写海关申报表(Form 2877)时，需要填写该准入号码，否则不可以入关。

③FDA 对电子产品辐射的定义

任何电离的或非电离的电磁辐射，或特制的辐射；电子产品工作时从电子线路中产生的音频、次声、超声波的辐射。

④FDA 管制的消费类电气电子产品范围(医疗设备除外)

A.有电离辐射的电子产品；

B.CRT 显示方式的电视机或显示器；

C.非电离辐射的电子产品；

D.微波炉；

E.蜂窝式移动电话；

F.激光产品：激光笔、激光显示器、CD 播放器、DVD、CD-ROM、激光打印机等产品；

G.太阳灯和太阳灯产品。

⑤管制辐射电子产品的限值标准要求

FDA 对不同的辐射产品有不同的标准和检测要求，几类产品的限值要求见表 1-7。

表1-7 常见产品的FDA限值要求

序号	法规章节号	管制产品类别	辐射限值标准要求
1	21CRF1020.10	CRT 显示的电视机和显示器	使电视机的用户调节旋钮和维修装置置于最大状态下以关键原件失效的状态下，距离显像管表面 5 cm 处的射线下不能超过 0.5 mR/hr
2	21CRF1020.20	冷阴极射线放电管	30 cm 处的射线不能超过 0.5 mR/hr；要求有用户警告标签
3	21CRF1030.10	微波炉(适用于家用或商用目的，不适用于工业食用加工)	销售前微波炉周围 5cm 处辐射限值小于 1 mW/cm2；在产品整个使用期内，微波炉周围 5 cm 处允许在门的位置和基本连锁装置失效或通过的情况下辐射限值小于 5 mW/cm2；限制人体接触有辐射能量的空间及进入任何一级连锁保护装置内，应该设置两级连锁装置，至少一级连锁装置处于"监控"状态，以便阻止辐射源
4	21CRF01040.10	激光产品和激光系统(如：DVD、CD-ROM、计算机光驱等)	要求所有激光类产品具备保护盒、安全互锁等装置

注：21CFR 1010－1050规定了各类产品的辐射安全要求。

可以通过以下网站获取详细的FDA的标准要求：http://www.fda.gov/cdrh//comp/eprc.html

⑥FDA符合性评定要求

对于一般性辐射电子产品，FDA从自我符合宣告表、产品报告(Product Reports)、年度报告(Annual Reports)、测试记录、相关记录、警示标志规定等方面要求由制造商负责对产品符合性进行评价。FDA对不同类别的产品要求不同，制造商按照要求在产品出货前向FDA设备与辐射健康中心递交有关检测资料，CDRH审核、确认符合要求后，向制造商反馈一封回信，并附有CDRH分配给这个报告的建档编号。即证明产品符合FDA的相关要求。

⑦FDA报告要求

A. FDA报告编制要求

FDA根据不同产品可能造成辐射危害的程度，对生产商需要输出的产品报告、补充报告(也叫增补报告)、简短报告、年度报告、测试记录做了不同的要求。详细规定见21CRFl002.1(APPlicability)中的表格1(按产品分类对记录和报告的要求)。可通过以下网站了解21CRFl002.1的详细信息：http://www.accessolata.fda.gov

以下列举常用电子产品报告的要求，具体见表1-8。

表1-8　FDA报告编制要求

产品	产品分类	产品报告 21CFR 1002.10	补充报告 21CFR 1002.11	简短报告 21CFR 1002.12	年报 21CFR 1002.12	测试记录 21CFR 1002.30(a)1
电视机：21CFR 1020.10	<25 kV and<0.1 mR / hr IRLC5,6			●	●	
	>=25kV and<0.1 mR / hr IRLC5	●	●		●	
	>=0.1mR / hr IRLC5	●	●		●	●
激光产品 21CFR 1040.10	Class I laser products 如：DVD\CD	●			●	●
微波炉 21CFR 1030.10	MW ovens	●	●		●	●

注：表格中"●"表示该类产品必需输出的报告要求。

B.FDA 产品报告的编制

FDA 允许制造商或第三方检测机构完成产品报告,制造商在这里是指任何从事制造、组装或进口电子产品的个人或机构,进口商在法律上被视同为制造商。

产品报告的编制首先应该在产品完全符合 FDA 对各类产品规定的辐射限值标准的基础上(21cFR 1010—1050),常用辐射电子产品的辐射限值标准见本书 2.2.1.2 的说明。制造商提交的关于电子产品辐射安全的产品报告还必须符合 21 CFR1002.7(submission of data and reports)的相应要求,任何偏离必须在报告中说明足够的理由。

在 FDA 21CFR1002. 10 中针对产品报告进行了专门的规定。FDA 的 CDRH 部门编制了各类辐射电子产品的《FDA 报告和符合性指南》,其中提供了各种报告的编制格式和完成要求。可以通过以下网页连接查找有关限值标准和报告指南等信息:

http://www.fda.gov/cdrh/comp/rad-consumer.html

FDA《产品报告》要求的主要内容:制造商、美国代理或进口商名称地址、报告的类型及产品的型号(机芯系列)描述;产品的标记及说明(认证标记/制造商识别/生产日期/生产工厂);产品的设计和技术信息,产品的设计分析;质量控制和测试程序;关键元器件进厂检验程序;生产线上的检验和测试程序;抽样方案和拒收程序;产品测试的详细操作程序;测试仪器及校准。

如果产品是在美国以外制造的,联邦管理法规 21 CFR 1005. 25(Service of process on manufacturers)还要求每个外国制造商指定一名美国的永久居民作为制造商的代理,该代理可以是个人、公司、美国国内法人或者是进口商。该代理要有法律授权来代表制造商负责处理有关进口事务。

C.向 FDA 设备与辐射健康中心(CDRH)递交产品报告获取建档编号

根据 21 CFR1002(Records and Reports)要求,辐射电子产品制造商在将任何新产品投放到美国市场之前必须向 FDA 的 CDRH 递交关于这些产品的设计和性能符合 FDA 辐射安全标准的产品报告。制造商还必须遵守 21 CFR 1005(Importation of Electronic Products)关于进口产品的所有适用要求。

FDA 的 CDRH 负责审核、确认产品报告并备案。如果 CDRH 认为报告符合要求,制造商将收到 CDRH 的一封回信,并附有 CDRH 分配给这个报告的建档编号。在随后提交关于这个型号系列的补充报告或者年度报告等追加信息时都要用到这个建档编号。进口产品在海关申报材料中也会用到这个建档编号。

如果报告不完整或者不够充分,CDRH 会拒绝接受并将它退回以完善。

如果制造商提交的报告不符合要求,CDRH 有可能认为其质量控制和测试程序有不足,并推断其生产的产品有辐射缺陷，或者不符合标准，进而拒绝其产品进入市场，而且对已经进入市场的产品采取补救措施。

但 CDRH 并不批准这些报告或者被报告的产品，制造商自己应负责通过良好的生产质量控制及检测来证明他们的产品符合所有的相关标准。FDA 有可能通过市场抽查的方式，对产品依据 FDA 标准进行检测，若不符合要求，将受到一定的市场处罚。

D.补充报告

FDA 21CRFl002.11(Supplemental reports)规定了补充报告的要求。当产品报告在 CDRH 存档后，若要增加同一机芯系列新的型号或做过修改的型号，且这种变化含有可能影响到辐射的因素，则制造商在产品进入市场之前，必须提交一份补充报告，其中应该描述系列中新增型号或已报告的型号的修改型号或对于之前提交过的产品报告中某些信息的更改，这样的更改包括：影响现在的或潜在的辐射放射；影响了对于标准的符合方式或对于辐射安全的测试方法、测试程序的改动，用户手册或服务手册的增加或改动。

E.简短报告(Abbreviated reports)

FDA 21CRFl002.12 一 Abbreviated reports 规定了《简短报告》的要求。如 21CRFl002．1 表格 1 中规定需要简化报告的产品的制造商，必须在产品上市之前提交一份清楚地标有"辐射安全简化报告"的报告，内容应包括：公司名称和产品名称、型号；一份关于影响辐射放射、传播、泄露或控制接触的操作特性的简要描述；辐射的放射、传播或泄露等级；如必要，可能要求一些附加信息来确定对于本法令或本章节的符合性。

F.FDA 年度报告(Annual Reports)

FDA 21CRFl002．13 Annual reports 规定了《FDA 年报》的要求。从 21CRFl002．1 表格 1 中的规定来看，大部分产品都必须提供年报。年报要总结 21CRFl002．30(a)条要求的需要保存记录的内容，并提供产品生产、销售或安装的数量。

制造商每年要按时(9 月 1 日前)向 CDRH 提交有关产品的年度报告(应覆盖报告前一年 7 月 1 日至当年 6 月 30 日生产的全部产品的生产、质控、检测和销售等各种记录)。如未定期更新，产品通关时将被海关扣留。如果业者因疏忽未及时邮寄该报告而造成产品被扣留，美国海关可接受业者补寄相关资料后予以通关。

当在 CDRH 建档后，要增加同一机芯系列的新机型时，若不含有可能影响到 X 射线辐射或者其他要求变化，只需作为年度报告的一部分进行年度汇报(21 CFR 1002．13)。

⑧说明事项

A.FDA 虽然是强制要求，但对于管制的辐射电子产品不是采用认证方式，制造商只要严格按照 21CRF 相关要求组织生产，提交各种报告，获得 CDRH 部门的审核、确认，取得 FDA

建档编号，即可顺利通关。

B.FDA 要求在产品的铭牌上应该永久性地标注相应的文字描述，具体标注内容按产品类别的不同有不同的规定。具体见以下网站：http://www.fda.gov

C.海关的监控

美国以外制造的辐射产品在装运前，要求制造商提交报告并且要符合 FDA 进口要求(21CFR1005)所有适用的要求。

进口商或代理商应在货物到达五日之内向入境口岸海关递交申报单。FDA 审核进口商的入境申报单以确定是否要进行实物检查、码头检查或抽样检查。

当需要抽样时，样本送到 FDA 的实验室进行检验分析。如果 FDA 确定产品含有辐射缺陷或者确定产品不符合标准时，产品将被拒绝进入美国市场，被拒绝的产品应该按有关规定销毁或退回，除非及时提出适当的申请，要求将产品改进合格并得到批准；将产品改进合格过程的实施须订立契约，并在美国健康和公共事业部(DHHS 或 HHS)代表的监督下完成。

注：美国海关主要查验货物的标识，包括原产地标识，特殊要求的标志或标签，标志或标签标注的内容和方法，以及符合政府其他有关部门法律条例规定的特殊要求。

D.市场监督要求

FDA 每年抽取一定的产品送给实验室进行检测。当发现不符合时，FDA 设备与辐射健康中心(CDRH)将通知制造商，并要求制造商停止向美国市场出售其产品，直至不符合得到了纠正，而且对已经进入市场的产品要求采取纠正或补救措施。

制造商有责任对所有不符合的产品采取以下 3 种措施之一，或者多种措施的组合：对产品免费维修并给以适当补偿；更换合格的等同产品；原价购回产品。采取的措施必须得到 DHHS 的批准，并且有任何异议用户都有要求举行纠正措施的听证权利。

⑨FDA 标准与我国国家标准及 IEC 标准对电视产品 X 射线照射量率测试及限值要求对比 FDA 对电视产品辐射的技术要求与国际通行的要求无大的区别，见表 1-9：

表1-9 FDA对电视产品辐射的技术要求与国际通行的要求对比

对比项目	FDA 标准要求 21 CFR 1020.10	我国国家标准 GB 8898—2001 等同于 IEC 60065：1998
辐射的照射量率限值	在距离设备外表面5 cm处任意一点的辐射照射量率，不应超过 0.5 mR/h。监测仪器的有效截面积为 10 cm2，且任何方向的长度不超过 5 cm	在距离设备外表面 5 cm 处，用有效面积为 10cm2 的辐射监测器测定设备外部任意一点的照射量率，不应超过 36 pA/kg(0.5 mR/h)

对比项目	FDA 标准要求 21 CFR 1020. 10	我国国家标准 GB 8898—2001 等同于 IEC 60065：1998
测试条件	110％额定电源电压，可辨图像	可辨图像
	状态 I：将所有用户控制件(在设备正常使用时，用户可触及的调整器)，都要调整到给出最大辐射时，进行测量	除了正常工作条件外，所有可用手、螺丝刀或任何其他工具从机外可能触及的所有控制件，以及那些未用可靠方法锁定的内部调整器或预调器，都要调整到给出最大辐射，让设备保持可辨图像 1 h 后进行测量
	状态 II：将所有维修控制件(在设备正常使用时，用户不能触及的调整器)，都要调整到组合给出最大辐射时，进行测量	
	状态 III：在状态 II 基础上，再加上最不利的电路元件故障，给出最大辐射时，进行测量	没有具体规定
关键部件的警告标记	当不适当调整或不适当更换电路或防护元部件会造成辐射超标时，应有永久警告标记，当设备维修时应清晰可见(一般在显像管上应加警告标记)	没有具体规定 可以在线路图及维修手册中加以标记说明

由表中可见，两者的辐射的照射量率限值是相同的，而 FDA 要求的测试条件更加严格。

从以上比较可见，FDA 还要求制造商提供产品设计分析报告，以及生产和检测控制程序，这是我国国家标准及 ICE 标准所没有涉及的，也是获得 FDA 报告认可的难点之处。

⑩FDA 对电视产品辐射安全要求与中国强制认证(CCC)要求的对比为了便于大家了解 FDA 的要求，在此将 FDA 对电视产品的辐射安全要求及管理方式与我国强制认证要求列表进行比较，见表1-10：

表1-10　FDA认证与CCC认证要求对比

对比项目	FDA	CCC
认证模式	制造商对产品的符合性进行检测，并向 FDA 的 CDRH 提交产品报告＋CDRH 对制造商的报告进行确认并备案 ＋制造商每年提交年度报告给 CDRH 确认 ＋FDA 负责对市场监控(包括抽样检验)	CCC 认证机构负责对产品进行：型式试验＋工厂质量体系检查评定＋认证后监督(合工厂质量体系复查＋工厂抽样检验＋市场抽样检验)即采用 ISO／IEC 出版物《认证的原则与实践》中的第五种形式；也是符合 ISO／IEC 导则 28(典型第三方产品认证制度通则)的典型产品认证模式

	FDA 的 CDRH 部门： 只对制造商提供的报告是否符合要求进行确认，并不对报告内容的真实性／准确性负责，也不对产品的符合性负责	CCC 认证机构： 对所出具的产品检验报告及工厂检查报告负责，并对带有 CCC 认证标志的产品的符合性负有连带责任
认证或管理机构的责任		
制造商的责任	制造商对提供的产品报告(含年度报告／补充报告／简化报告等)负责，对产品的符合性负责	制造商对产品的符合性负有直接责任
对境外制造商的管理	境外制造商必须在美国境内指定代理，并由法律授权来代表制造商负责处理有关进口事项	没有规定
海关监控	FDA 负责对进口产品在入关前的文件进行核查，以及决定是否进行实物检查、码头检查或抽样检验	由海关核对 CCC 证书及标志，对获证产品一般不抽样
市场监督	当抽样或用户等发现不符合时，拒绝该制造商产品进入市场，并对已经进入市场的产品按(21 CFR 1003-1004)要求实施纠正措施程序	认证机构发现产品不符合时，撤销认证证书、停止使用认证标志，并对外公告

1.2.2.2 加拿大的市场准入要求

（1）加拿大在产品安全方面的市场准入要求

①法规要求

在加拿大，各省政府对电气产品的安全性均负有责任，因此全加拿大的 10 个省的省安全立法中都强制性地要求电气产品要进行安全认证。例如，各省电气法规均有类似的明文规定："除非电气设备显示了安全认证标志/标签，否则任何人不得在省辖区内使用此类电气设备，或买卖、展示或转让此类电气设备，供辖区内使用。所显示的安全认证标志或标签必须是由加拿大标准委员会(SCC)认可的认证机构测试核发的证书，或认证机构核发的标志/标签能证明该设备满足加拿大电气法规第 2 部分中的一个或多个标准，或国家认可的其他文件的要求"。

②认证/检测机构及标志

加拿大标准委员会(SCC)的职责之一是认可从事标准制定和合格评定，只有经 SCC 认可的认证机构的注册标志才能被各省或地区所接受。

依据 SCC 认可准则，要求认证机构在获认证产品上展示的认证标志由两部分组成：经注册的认证标志以及邻近该标志的小"c"字母，以表明经认证的产品符合与加拿大电气法(CEC)兼容的标准的要求。

但是法律/法规中并未规定制造商的产品必须由哪一个国家认可的实验室测试，或必须展示哪一个认证机构的标志/标签，也就是说，测试实验室及认证机构标志的选择可由制造商自行决定。

经 SCC 认可的涉及电气电子产品测试的合格评定机构有：加拿大标准协会(Canada Standards Association，CSA)；UL 实验室(Underwriters Laboratories Inc，UL)；UL 加拿大实验室(Underwriters' Laboratories of Canada，ULc)；Intertek Testing Services NA Inc(ETL)；TUV Product Service(division of TUV America Inc．)；TUV Rhienland of North America，Inc．；Entala，Inc．；Quality Auditing Institute(QAI)；MET Laboratories，Inc．(MET)等。

③认证/检测程序

典型的加拿大 CSA 安全认证程序见本书 1.2.3.2。

④依据标准

加拿大的国家标准均由加拿大标准委员会(SCC)批准发布，具体的标准制修订工作由政府指定的机构承担。

目前，获得国家认可的标准制修订机构共有 5 个，它们是：加拿大标准协会(CSA)、加拿大气体协会(CGA)、加拿大通用标准局(CGSB)、加拿大保险商实验室(ULC)和魁北克省标准局(BNQ)。

电子电气产品应符合 CEC 第 2 部分消费类及商业产品要求的规定，其中引用了一系列 CSA 标准(CSA C22．2 No**)，很多标准都采用了 IEC 对应标准加本国差异。

由于北美自由贸易区的成立，美国和加拿大的标准、认证组织趋于协调一致，如 UL 标准与加拿大的 CSA 标准组织不断推出统一的协调标准，UL 认证、CSA 认证、ETL 认证也推出可以同时适用美国和加拿大的"c—us"认证。加拿大的很多 CSA 标准已经发展成为 UL—CSA 联合标准，如："UL 60950-1*CAN/csA C22.2 NO．60950-1:2003"。

（2）加拿大对 EMC 的市场准入要求

①法规要求

关于电子设备 EMC 要求，主要是在无线电通信法令&法规(Radiocommunication Act & Regulation)和电讯法令&电讯设备法规(Telecommunication Act & Telecommunication Apparatus Regulation)的指导下，由加拿大工业部负责监督管理。根据无线电通信法，任何人不得生产、进 El、销售或租借无线电设备，引起干扰的设备和无线电敏感设备，除非确保这些设备符合相关标准的要求。加拿大标准主要是针对辐射和传导、性能等方面的要求，对电子电气设备的抗干扰特性没有管制要求。

②管制机构

在加拿大对产品电磁兼容性进行监管的政府部门是加拿大工业部(Industry Canada)频谱信息技术及电讯局(Spectrum Information Technologies and Telecommunication，SITT)和频谱工程署(Spectrum Engineering Branch)。

③认证/检测程序

无线电通信法令和法规(Radiocommunication Act & Regulation)按照产品是否需要认证而将产品分为两大类，即：Ⅰ类设备和Ⅱ类设备。Ⅰ、Ⅱ类设备的划分是按照标准类别来决定的。关于如何判定产品属于Ⅰ类设备还是Ⅱ类设备，可以通过以下网址查找Ⅰ、Ⅱ类设备的对应标准：http://strategis.ic.gc.ca

A.Ⅰ类设备要求

Ⅰ类设备必须符合相应的加拿大工业技术标准，并要求提供 TAC 证书。此类设备主要包括广播发射机、无线电发射机等。

在加拿大市场上销售之前必须获得由主管部门—加拿大工业部(Industry Canada)或授权的认证机构签发的技术认可证书 TAC(Technical Acceptance Certificate)。

按照产品的性能，Ⅰ类设备又可以分为无线电设备(Radio Equipment)和广播设备(BroadcastingEquipment)，主要是一些具有发射功能的设备。

针对工类产品的 TAC 认证，工业部发布了一系列认证程序文件，指导申请者如何获得TAC，获得 IC 编码。

按照无线电设备(Radio Equipment)的认证程序要符合无线电设备标准 RSP-100(Radio Equipment Standards Procedure)的规定，测试需要符合的标准是 Radio Standards Specification(RSS)系列标准；

按照广播设备(Broadcasting Equipment)的认证程序要符合 Broadcasting Equipment StandardsProcedure(BESP-100)的规定，测试需要符合的标准是 Broadcasting Equipment Technical Standards(BETS)系列标准；

Radio Equipment Standards Procedure(RSP-100)规定若Ⅰ类无线电设备准备与公共通讯网络连接，则在符合本规定的同时还要符合在电讯法令&电讯设备法规(Telecommunucation Act &Telecommunication Apparatus Regulation)基础上制定的符合性申明及端子设备注册程序(DC-01)的要求。

以上相关文件均可以在 http://strategis.ic.gc.ca 网站上获得。

注意：加拿大工业部也可以接受美国 FCC 的报告，条件是：报告有效期在 1 年内；如果测试类型是"辐射"，则测试实验室的测试场地(OATS 或消声室)必须经过加拿大工业部的认可；如果测试类型是"传导"，则测试场地不需要认可；测试报告要附带一份对照表来说明产品符合所有适用的加拿大标准要求。

B.Ⅱ类设备要求

Ⅱ设备必须符合加拿大工业技术标准的要求，但不要求被认证(即不要求提供 TAC)。此类设备包括电子变压器或整流器、智能电池充电器、电视和卫星接收机、IT 类设备等。

一般Ⅱ类设备的对应标准均规定制造商按照要求必须将能够证明产品符合标准要求的测试数据和报告保存 5 年，以备加拿大工业部随时查用，并且产品上要贴附相应的标识，声明该产品符合相关标准的要求。依据标准见表 1-11：

表1-11　Ⅱ类设备的对应标准

标准编号	标准名称
BETS-3: Issue 1, November 1, 1996	组成广播工业公用天线电视无线电设备的技术标准和要求 Technical Standards and Requirements for Radio Apparatus that Form Part of a Master Antenna Television (MATV) Broadcasting Undertaking
BETS-7: Issue 1, November 1, 1996	无线电电视广播接收设备的技术标准和要求 Technical Standards and Requirements for Radio Apparatus Capable of Receiving Television Broadcasting
ICES-001: Issue 3, March 7, 1998	医工科无线电频率发生器 Industrial, Scientific and Medical Radio Frequency Generators
ICES-002: Issue 3, March 7, 1998	车载及其他内燃机设备的点火系统 Spark Ignition Systems of Vehicles and Other Devices Equipped with Internal Combustion Engines
ICES-003: Issue 4, February 7, 2004	数字设备 Digital Apparatus
ICES-004: Issue 3, December 2001	交流电力系统 Alternating Current High Voltage Power Systems
ICES-005: Issue 1, November 1998	无线电照明装置 Radio Frequency Lighting Devices
ICES-006: Issue 1, August 25, 2001	电源线载流设备(非故意辐射) AC Wire Carrier Current Devices (Unintentional Radiators)

以下以Ⅱ类设备标准《BETS-7 无线电电视广播接收设备的技术标准和要求》为例,描述

加拿大的管制要求：

A.适用范围

该标准规定了以家庭娱乐为使用目的的能够接收电视广播信号的无线电设备，如电视、卫星接收器、VCR 等的技术标准和要求。

B.各方的责任

在销售本标准涉及的无线电设备之前，制造商或进口商必须保证该设备或生产的样品能代表该设备型号的个体经过了测试以确定其是否符合本标准中规定的适用标准和要求。

制造商或进口商必须告知加拿大工业部频谱工程署的总负责人，每一个都按照 BETS-7，2(1)中的要求进行了测试的，用于在加拿大市场销售的设备的型号和制造商详细信息；作为(1)小节中要求的测试结果的所有测试数据的复印件要被保存 5 年，并在工业部部长要求时能随时提供。

C.标识要求

标准第(3)条要求制造商或进口商确保其生产的产品粘贴有永久性的标识，标识内容用英法两种文字表示，并按照电视机所属的不同类别给出了标识的范本。

D.技术要求

在标准 3．2(1)条中按照接收频段的不同将电视机分为 4 个类别，即标准电视机设备；电缆兼容电视机设备；电缆转换电视机设备；增补电视广播接收设备。

标准中 3.3 至 3.6 详细规定了 4 类电视机产品各自应符合的技术要求。

同样属于Ⅱ类产品标准的 ICES-003 针对的是数字设备，如电脑等 IT 类产品应符合该标准的规定。该标准第 6.1 条和 6.2 条也要求制造商将测试结果保存 5 年以备随时查用，并在每台设备上粘贴标签说明该产品符合标准的要求，标签的范本已经在标准的附件中给出。测试使用的方法和限值是依照 CAN / CSA—CEI / IEC CISPR22：02(ICES-003，7.1)。

加拿大工业部并未在任何官方文件中提及针对Ⅱ类产品的测试机构的要求，但是建议制造商使用有能力的第三方测试机构出具的报告作为证明产品符合相关标准的证据。

（3）加拿大对射线辐射设备的要求

加拿大政府特别关注人身健康安全问题，对产品辐射安全进行监管的政府部门是加拿大健康部(Health Canada)，针对消费产品辐射安全的管理机构是健康部环境健康和消费者安全局(Health Environments & consumer safty Branch)下属的消费品和临床辐射防护署(Consumer and Clinical Radiation Protection Bureau)。

作为主管部门，加拿大健康部发布的有关产品辐射安全方面的法令法规主要有：《辐射放射设备法令》(Radiation Emitting Devices Act)和《辐射放射设备法规》(Radiation Emitting

Devices Regulations)。

《辐射放射设备法令》主要规定了产品在辐射安全方面应符合的总原则，市场监管的程序以及制定法规的说明；法规规定了各类产品应符合的技术要求，制造商应熟悉其中的有关规定，并应满足有关要求。

依据《辐射放射设备法令》规定，对于非医疗用的辐射电子产品由制造商保证其投放加拿大市场的产品符合相关法规辐射放射设备法规对各类产品的规定，符合性测试报告应提交主管部门审核。类似于美国的 FDA 管制流程。

以上法令法规的详细内容可以从 http://laws.justice.gc.ca/en/R-1 网站获得。

①管制的产品范围

法规中列表 1(Schedule Ⅰ)将辐射产品分为 15 类：

电视接收机，包括视频监视器和显示系统；带有口外源的牙齿 X 光检查设备；微波炉；行李 X 光检查设备；演示型气体放电设备；X 光透视设备；激光扫描仪；示范激光设备；低能电子显微镜；高亮度汞蒸气放电灯；太阳灯；诊断用 X 光设备；超声波治疗设备；解析用 X 光设备；柜式 X 光设备。

②各类产品应符合的要求

辐射放射设备法规列表 2 分别对 CRT 显示的设备、微波炉、X 光行李监测设备等产品给出了其各自应符合的设计，结构和性能方面的标准，应对此规定进行详细了解。

如：其中对于电视机类产品的标准规定在辐射放射设备法规列表 2 中的第 1 部分对电视机提出了设计和结构标准，以及功能标准要求，具体要求如下：

A.设计，结构方面

只要电视机使用的是原始元件或在制造商的建议下使用更换的元件，都要保证在正常的使用条件下，一个元件的故障或由此引起的其他元件的故障不会导致性能方面的不符合。

除了 1 条中限制的一般性，能产生 x 射线的元件必须有足够的屏蔽以保证符合性能标准的要求。2 条中屏蔽的要求必须使用单独的屏蔽罩，这种屏蔽罩必须是无法拆卸的，或有安全连锁装置的，或者贴附有永久性的，在任何维修条件下都清晰可见以及当屏蔽罩被拆卸后避免操作电视机的警告标示。

每台电视机必须在其外壳后部贴附永久性的标签，其内容包括：制造商名称，地址；产品型号；制造商所在城市、国家或能识别该城市或国家的代码以及销售前制造商提供给健康部部长的编码；制造的年份和月份，不用缩写，年份用 4 位数字表示；商标；系列名称；序列号。

该标签在任何时候都必须是清晰可辨的。若电视机商标的所有者不是电视机的制造商，则该所有者的商标名称和地址可以取代标签上制造商的名称和地址，前提是制造商的名称和地址已经永久性贴附在电视机内部并且在任何维修条件下都清晰可见。

B.性能方面

当电视机符合下列条件时：

组装完整；使用在最大测试电压范围内任意供电电压；在使用者操作控制和维修操作控制的任意设置下； 显示的同步光栅覆盖了可见屏幕60％以上的面积。

对于由此产生的电离辐射要求规定，取 5min 内的平均值，以电视机任何可接触的外表面为中心 5cm 处，一个横截面面积为 $10cm^2$ 的物体接触的 x 射线强度不能超过 0.5 毫伦琴/小时。

当电视机缺少外部防护或部分外部防护时：

使用在最大测试电压范围内任意供电电压；在使用者操作控制和维修操作控制的任意设置下；显示的同步光栅覆盖了可见屏幕60%以上的面积。

对于由此产生的电离辐射要求规定，取 5min 内的平均值，以电视机任何可接触的元件为中心 10cm 处，一个横截面面积为 $10cm$。的物体接触的 X 射线强度不超过 2.5 毫伦琴/小时。

根据消费者及临床辐射保护署(CCRPB)提供的信息，到 1993 年 12 月之前阴极射线管(CRT)电视以及显示器的制造商按自愿的原则将产品相关的技术资料提交给 CCRPB，这种行为在 1993 年被终止，之后建议这些制造商保存这些资料并在 CCRPB 对产品进行检验时能够提供出来，也就是说不再要求 CRT 产品制造商提交产品的技术数据。

对于新的制造商和 OEM 供应商来说，建议他们对生产线进行评估以保证产品符合法规的要求，因此，测试数据应该被提交给 CCRPB。

报告格式可以采用美国 FDA 报告的格式，而法规中对于电视机类产品要求的标签的样本必须包括在报告中。发现的报告中的问题将被告知制造商或 OEM 供应商以进行更正，若审核合格，该部门会签发一封确认产品符合要求的信函。

1.2.3 认证制度

1.2.3.1 概述

美国联邦政府对电气产品的安全要求没有推行强制性认证的模式，只是要求各州政府对产品的安全性的合格评定要求作出具体规定。一般各州采取的方式是：只要产品通过任何认可的第三方认证机构进行的检测/合格评定即可，属于自愿性的产品认证。

加拿大在电气安全要求方面的认证制度同美国不一样，加拿大的电气安全法和 10 个省安全立法规定了电气产品要进行强制性的安全认证。但在电磁干扰、电离辐射等方面，美国和加拿大政府都对相关产品规定了有关强制性认证的要求。

1.2.3.2 美国/加拿大的安全认证

以下介绍电子产品进入美国、加拿大市场常见的几种安全认证：美国保险商试验室联合公司(Underwriters Laboratories)实施的 UL 认证；加拿大标准协会(Canadian Standard Association)颁发的 CSA 认证标志；Intertek ETL SEMKO 公司实施的 ETL 认证。

（1）UL 认证

①UL 公司介绍

UL 安全试验室是美国著名的从事安全试验和鉴定的民间机构，在世界范围内享有盛誉。UL 是英文保险商实验室(Underwriter Laboratories Inc．)的缩写，UL 实验室始建于 1894 年，经过百年多的发展，UL 已成为具有世界著名的认证机构，其自身具有一整套严密的组织管理体制、标准开发和产品认证程序。

UL 安全试验室由一个由安全专家、政府官员、消费者、教育界、公用事业、保险业及标准部门代表组成的理事会管理，UL 在美国本土有 5 个实验室，总部设在芝加哥北部的 Northbrook 镇，同时在台湾和香港分别设立了实验室。被美国联邦职业安全与健康管理局(OSHA)列为国家认可实验室，同时,加拿大标准协会(SCC)认可 UI. 为认证机构和测试机构。

②UL 认证服务分类

A.UL 的认证检测服

a.列名(Listed)：仅用于完整的产品以及有资格人员在现场进行替换或安装的各种器件和装置，属于 UL 列名服务的产品包括：IT 设备、AV 设备、冰箱、吸尘器等电器产品。最终产品如需标注 UL 列名标志，则应由 UL 对样品进行检测，以确认其没有火灾和电气危害的隐患。

b.认可(Recognized)：认可主要是针对元器件和材料实施的一种安全认证。认可服务所认可的元器件会被组装在成品中，元器件必须符合相关的许可条件才能应用于相应的成品。如：开关、电源、印制版、变压器、电线、插头、塑料材料等都是认可对象。

c.分级(Classified)：UL 的分级服务是根据相关的法律法规，对于商业或工业等环境中使用的产品进行危险性等特殊性能评估的一种安全认证程序。分级服务主要是针对建筑材料、各种防火设备和航海用品。

B.跟踪检验服务

作为 UL 认证的一个有机组成部分，为保证已获得 UL 列名或认可的产品持续符合 UL 标准和要求，UL 制定了"跟踪检验"系统。

"跟踪检验"是由 UL 派出分布在世界各地的现场代表，在当地工厂的生产现场对贴有 UL 标志的产品进行跟踪检验，每季度一次。目的在于通过对工厂的生产过程、检验过程以及产品，按照 UL 标准和跟踪检验细则进行核查，保证制造厂商的生产过程、检验过程和产品始终符合 UL 要求。现场代表到工厂后根据"跟踪检验细则"进行检验。

"跟踪检验细则"由 UL 工程部在完成样品测试后编制，文件中包括产品的全面描述、照片和说明书等。同时它还规定制造工厂在生产线上的常规测试项目，其中某些项目要求对产品进行 100％测试，如耐压试验；某些检验可以抽样进行，同时还规定了现场代表在工厂现场检查时必须抽查的试验项目，现场代表根据详细的资料和规定来判断其检验的结果是否合格。

C.C-UL 认证

C-UL 认证是 UL 提供适用于加拿大市场的产品认证服务，包括列名服务、认可服务和分级服务。UL 可以根据相关的加拿大标准进行产品测试，若产品通过评估，产品上允许加贴相应的 C-UL 标志。UL 在 1998 年推出了新的列名标志，即 UL 标志左右两旁分别有 C 及 US 小字，代表同时符合美国及加拿大标准要求，企业可根据市场需求进行选择。

②UL 认证流程

申请 UL 认证包括 6 个步骤：

A.申请人递交有关公司信息及产品资料。

a.书面申请：以书面方式要求 UL 公司对贵公司的产品进行检测；

b.公司资料：应提供申请人、列名公司和制造商；

c.产品资料(包括但不限于如下项目)：产品名称、产品型号；产品用途（需告知产品的适用方法和场所。如：家庭、室外办公室、工厂、煤矿、船舶等）；零部件表（提供产品零部件的名称和型号、额定值、制造厂家名称。若零部件已获得 UL 认证，请注明该零部件的 UL 档案号码。UL 鼓励客户尽可能采用有 UL 标志的部件，以缩短测试时间、减少工程费用。如果某一零部件有多个供应商，可以一起提供）；性能和规格（如尺寸、额定电压、电流、频率和功率等。对于电子电气类产品，应提供电原理图)；结构图（对于大多数产品，需要产品的结构图或爆炸图、配件表等，请在图纸中注明各部分的名称、尺寸，以便与零件表或配件表一一对应；对于电子电器类产品，请提供电原理图）；产品的照片、使用说明、安全事项或安装说明等。

B.UL 认证工程师检查申请人所提供的产品资料,当资料齐全后,对检测依据的 UL 标准、测试费用、测试时间、样品数量作出决定,并将正式的申请表及跟踪服务协议书寄给申请人。

C.申请公司支付认证预付款、签署服务协议和寄送样品。

D.UL 安排检测，检测合格，UL 向申请人发出检测合格报告副本，跟踪服务细则副本发给每个生产工厂，跟踪服务细则中包括了对产品的描述和对 UL 区域检察员的指导说明。

E.UL 在产品生产地进行首次生产检验并正式授权申请人使用 UL 标志。

F.UL 现场代表执行认证后的跟踪检验。UL 的跟踪检验分为 R 类和 L 类。L 类服务主要用于和生命安全有关的产品，如灭火器、烟雾探测器等。R 类服务主要用于电气设备， R 类设备跟踪检验频率，一般每年 4 次。跟踪检验，从工厂正在生产或库存的 UL 认证产品中抽查生产中的产品是否与认证检测时的一致，采用的安全部件、材料是否符合要求，流程见图1-8。

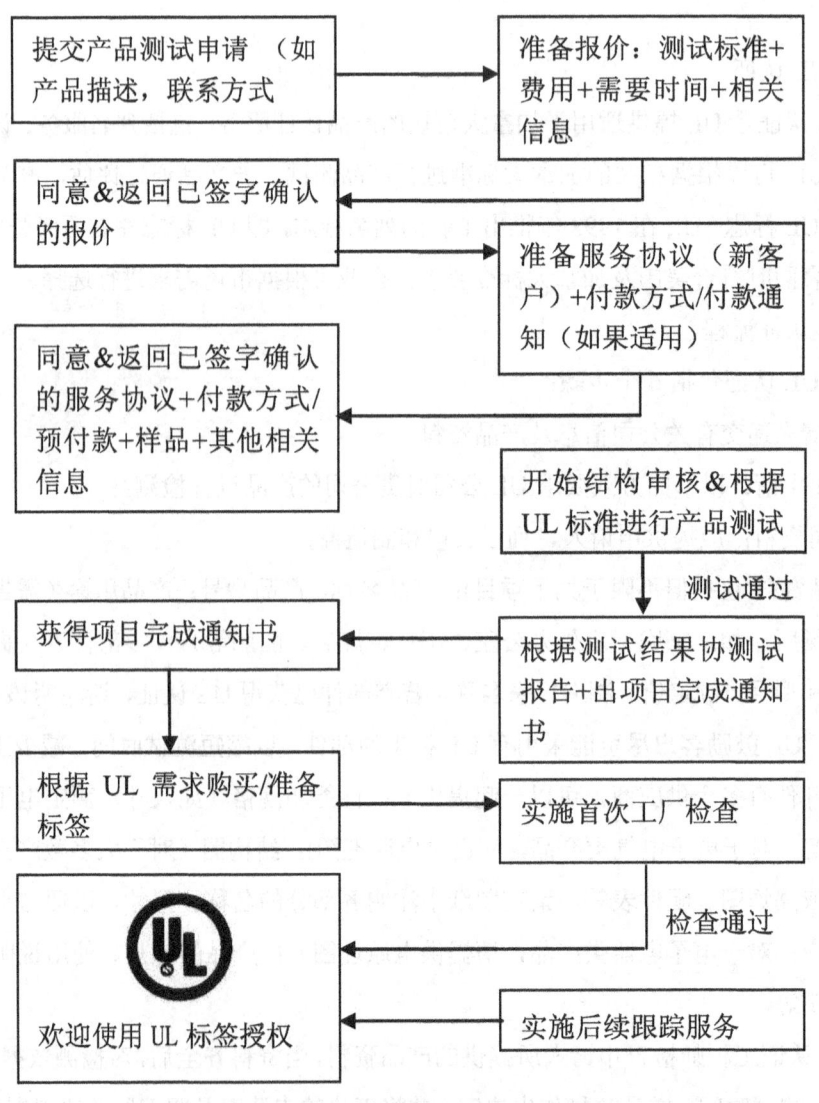

图1-8　申请UL认证的流程图

①UL 认证标志及其含义

UL 标志通常标识在产品和(或)产品包装上,用以表示该产品已经过 UL 认证,符合安全标准要求。这些标记最重要的组成部分就是 UL 的图案符号,这些符号都是 UL 的注册商标。3 种符号分别用于 3 种不同服务的产品上,不能混用,否则认为是假冒产品。各种 UL 标志见表1-12。

在 2008 年 1 月之前,对于同时为 UL 和 C-UL 列名或认可的产品,可以同时加帖 UL 和 C-UL 标记但到 2008 年则必须使用上表中第 3 列标记。

②UL 常用安全标准

UL 已制定了近 900 项安全标准,涵盖数十万种产品。UL 安全标准的制定原则与 IEC 及其他国家的相关安全标准相同,主要考虑产品在使用、运输和贮存过程中,对人身、财产和社会环境,免遭危险和伤害的安全保障。各类产品的安全标准主要包括:防止触电事故;防止高温和起火;防止机械伤害;防止毒气伤害;防止有害射线伤害;防止爆炸的伤害等。

目前,很多 UL 标准为了与 IEC 标准、加拿大 CSA 标准协调一致,修订后都采用了与 IEC 对应标准一致的编号,如音视频设备的安全标准修订后的版本为 UL60065:2003,家用电器设备标准 UL60335,都与 IEC 标准进行了协调。

表1-12　UL认证标志

标记种类	符合 UL 标准 (美国专用)	符合加拿大标准 (加拿大专用)	两者都符合 (美国、加拿大两用)
列名标记			
列名标记	该标志适用于电器整机产品	适用于加拿大市场上销售的电器整机产品	UL 于 1998 年引进这一新的标识,同时适用于美国和加拿大市场电器整机产品
认可标记			
认可标记	UL 认可的部件标记,如:开关、熔断器、电容器、印制版	用于较大型产品或大型系统的组成部件上	用于既要按照加拿大要求,又要按照美国要求取证的部件中

依据标准	依据 UL，自己出版的安全标准	依据加拿大安全要求，可能与 UL，有所不同	既符合 UL 标准，也符合加拿大要求

（2）ETL 认证

①ETL 认证介绍

ETL 标志是由 Intertek ETL SEMK0 公司颁发，也是美国有关电气、机械和机电产品的安全认证标志。

ETL 标志的测试依据的是美国 UL 标准和加拿大标准协会 CSA 标准，在美国和加拿大与 UL 认证标志具有同等的效力，表明产品已经达到经普遍认可的美国标准及加拿大产品标准的最低要求。

②ETL 认证的产品范围

Intertek 在很多产品领域提供产品安全检测和认证服务，包括：消费电子、家用电器、IT 类、机械、灯具等领域。

③ETL 认证种类

与 UL 类似，ETL 可根据 UL 标准和美国国家标准测试核发 ETL 认证标志，也可同时按照 UL 标准或美国国家标准和 CSA 标准或加拿大标准测试核发复合"c-us"认证标志。

ETL 标志右下方的"us"表示适用于美国，左下方的"c"表示适用于加拿大，同时具有"us"和"c"则在两个国家都适用，见图 1-9。

图1-9　ETL标志

④ETL 认证前需要提供的技术资料

以下是 ETL 测试前申请人必须提供的一些相关资料，申请人提供的所有资料均需为英文版，具体如下：

铭牌；电路原理图(请注意其参数必须与铭牌、说明书一致)；印制电路板图，零件位置图；产品安装结构图；英文产品说明书(说明书须有厂名或商标、型号、参数、安装方法及必要的安全警告语)；型号差异说明(若同系列有多个型号，须清楚列出各型号之间的差异，该声明须有签章)；关键零部件清单(该清单须有签章)；与安全有关的重要元器件的证书复印件(参照"关键零部件清单"的要求提供证书，且应核对证书上的型号、参数与实际样品是否相符)；产品照片(所有未送样的系列测试产品须提供清晰的照片)。

⑤ETL 认证流程(见图1-10)

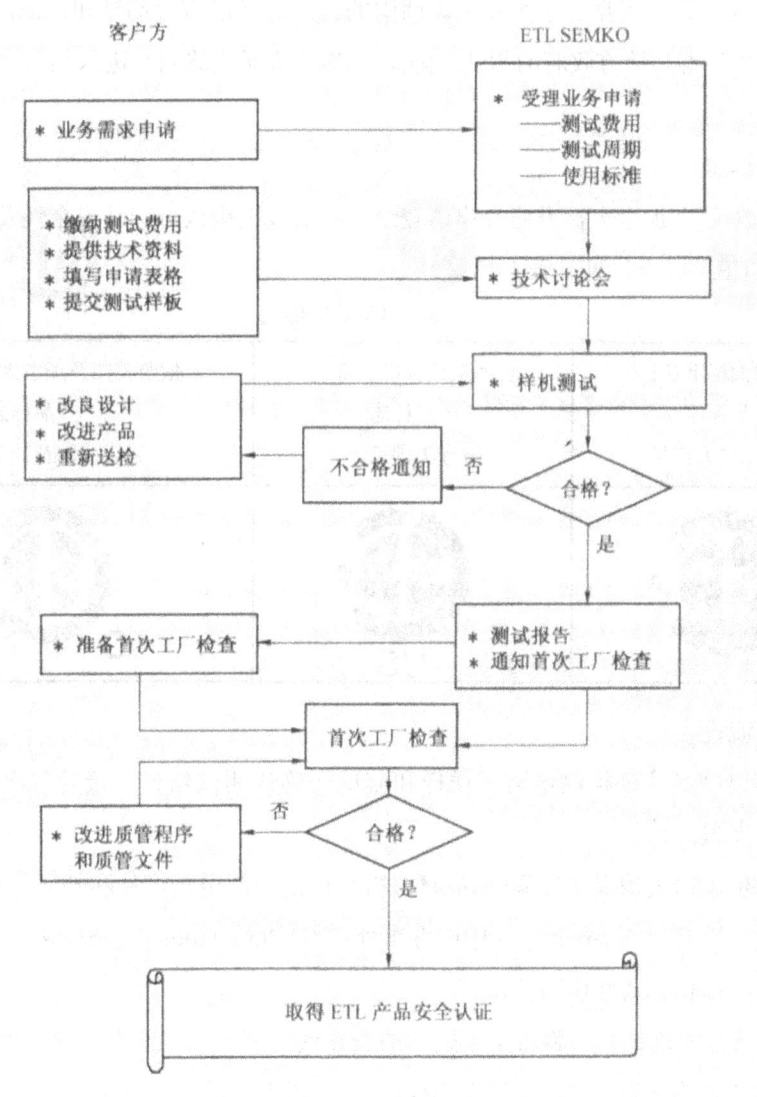

图1-10 ETL认证流栏

（3）加拿大的 CSA 安全认证

①CSA 机构介绍

CSA 是加拿大标准协会(Canadian Standards Association)的简称，成立于 1919 年，是加拿

大首家制定工业标准的非盈利性机构。目前 CSA 也是加拿大最大的安全认证机构。自 1999 年 1 月 27 日起，CSA 更名为 CSA International。

1992 年前，经 CSA 认证的产品只能在加拿大市场上销售，自 1997 年开始，CSA 在美国现有的 5 个实验室已被美国联邦政府 OSHA 认可为国家认可测试实验室(NRTL)。这意味着 CSA 国际认证机构能根据加拿大和美国两国的标准对产品进行测试和认证，同时也得到美国各州、加拿大各省和地方政府的承认。因此，CSA 认证能够同时进入加拿大和美国市场，甚至整个北美市场。

②认证标志

CSA 标志是向加拿大标准协会申请登录，经由该机构认可产品安全性及授权后，方可在产品上附加 CSA 标志，见。表 1-13：

表1-13 CSA标志

依照加拿大标准认证的 产品标志 通行加拿大市场	依照美国标准认证的 产品标志 通行美国市场	依照美国及加拿大标准认证的 产品标志 通行美国及加拿大市场

③认证流程

包括提出产品认证检测申请—送样和测试—确认测试结果—接受首次工厂评估—获取证书等基本步骤。

A.将初步申请表填妥，连同一切有关产品(包括全部电器部件和塑胶材料)的说明书和技术数据一并交给 CSA International 中国办事处；CSA International 将根据产品的具体情况确定认证费用，再以传真通知申请公司。

B.经申请公司确认后，将寄上正式申请表和通知书，该通知书包括下列要求：

正式申请表签署后，电汇认证费用(可以人民币支付)到办事处；

按通知将测试样板送到指定地点。

C.指定实验室将按时进行认证工作。

D.认证测试完毕之后，将会发给申请公司一份初步报告书(Findings Letter)，内容如下：

产品结构需如何改良才能符合标准；

要用来完成认证报告的其他资料；

请申请公司查阅认证记录(certification Record)草案的内容；

产品所需的工厂测试(Factory Tests)。

E.CSA International 将申请公司对上述第 5 项的回答加以评估。

F.同时 CSA International 将会编写一份用作产品生产参考和跟踪检验用的认证报告。

G.CSA International 要到工厂作工厂初期评估(Initial Factory Evaluation 简称 IFE)。

H.最后 CSA International 便会连同认证记录(certification Record)发一份合格证书(Certification of Compliance)授权申请公司在其产品上加上 CSA 的认证标志。

I.申请公司要和 CSA International 签订一份服务协议(Service Agreement)，以表示双方同意 CSA International 到工厂作产品跟踪检验。申请公司每年需支付年费(Annual Fee)来维持该项协议。

④认证和检测的产品范围

CSA 可以对机械、建材、电器、IT 设备、办公设备、医疗防火安全、娱乐等类型的产品实施 CSA 认证。CSA 认证和测试的产品范围见表 1-14：

表1-14 CSA认证和测试的产品范围

产品类别	产品举例
灯具、灯饰产品	固定式灯具、可移动式灯具、圣诞灯串、工具灯、镇流器、节能灯等
信息技术产品	电脑、显示器、手提电脑、打印机、投影仪、复印机、电源、键盘等
电器元器件、接插件	源插头线、开关、连接器、端子、配线、电容器等
电力控制及信号传输设备	马达及发电机、机械、配电设备、工业控制设备、电路装置等
电线电缆	广泛用于各种电器产品、电信及建筑等的各种线材
商用及家用电器	热水器、咖啡壶、电饭锅、电风扇、暖风机、电冰箱、空调等
音频、视频类娱乐产品	音响、功放、低音炮、收音机、DVD 机、电视机、VCD 机等
危险场所使用的设备	在危险场所使用的产品及零件、控制器、转换器等
工业产品	工业设备、器械及零配件等

⑤检测依据标准

加拿大 CSA 标准由加拿大标准协会(CSA)负责起草。在电气产品及太阳能等领域制定了一系列 CSA 标准，很多标准都基于 CSA 认可的 UL 和 IEC 标准。加拿大现行的国家标准中，约有 1/2 采用 ISO、IEC 和 ITU 等国际标准。CSA 的标准是自愿性的。详细内容见本章 1.2.2.2 第(2)部分的描述。

1.2.4 国际互认情况

1.2.4.1 美国与加拿大的互认

美国和加拿大是密切的贸易合作伙伴，早在 1989 年两国就签署了《美加自由贸易协议》，开始了相互之间贸易的合作，协议主要内容包括：消除关税和削减非关税壁垒、开放服务贸易等，目的是最终实现两国之间的自由贸易，实现区域经济一体化。美国和加拿大在产品安全和 EMC 认证要求的互相认可，不断的统一产品合格评定程序和产品认证标志，就是消除贸易壁垒，实现自由贸易的重要举措。

1.2.4.2 IECEE 体系成员国的互认

美国和加拿大都是 IECEE 国际认证组织的成员国，虽然都具有自己独立的标准体系，但为了促进国际贸易，很多标准都逐步靠近 IEC 标准，与国际标准相适应，并十分重视与 IEC 标准化组织和 IECEE 认证组织的参与与合作。

1.2.4.3 美国加入国际 IECEE 组织情况

美国成立了 IECEE 美国国家委员会(USNC)，并代表美国于 1992 年正式加入了 IECEE—CB 体系，成为 IECEE—CB 体系成员之一。美国国家电气制造商协会作为美国国家委员会秘书处，主要承担以下职责：

作为美国国家成员机构加入 IECEE；

管理美国的各国家认证机构(NCB)，以确保 IECEE 体系下的安全标准所包含的国家差异在整个美国的各 NCB 中是统一的；

处理提交给 IECEE 秘书处的申请；

在 IECEE 的相关讨论中发表观点和意见。

在美国国家委员会的统一管理下，美国已先后有 5 家认证/测试机构成为了 NCB，每个 NCB 下都有各自所属 CB 实验室(CBTL)，具体 NCB、CBTL 名称见 www.iecee.org

1.2.4.4 加拿大 CSA 加入国际组织 IECEE 情况

加拿大也是 IECEE—CB 体系成员之一。加拿大国家电气制造商协会是加拿大国家委员会秘书处，主要承担以下职责：

作为加拿大国家成员机构加入 IECEE；

管理加拿大的 NCBs，以确保 IECEE 体系下的安全标准所包含的国家差异在整个 USA 的 NCB 中是统一的；

处理提交给 IECEE 秘书处的申请；

在 IECEE 的相关讨论中发表观点和意见。

在 IEC 加拿大国家委员会的统一管理下，加拿大已先后有 3 家认证/测试机构成为了 NCB，具体信息见 www.iecee.org

注：中国的出口企业应该了解、研究美国和加拿大各 NCB 认可其他发证 NCB 的产品领域范围。通过中国的 NCB-CQC 取得相应的 CB 证书/测试报告，只要测试报告包含了全部的国家差异，即可被美国相应 NCB 认可接受，为获得美国各 NCB 的认证证书极大地加快了认证速度。

1.3 澳洲地区机电产品安全环保合格评定程序和认证标志

1.3.1 市场准入要求

由于电气产品直接关系到使用者的健康和安全，澳新两国政府对电气产品的市场准入采取了法规符合性管理制度。法规符合性管理属于强制性的管理要求，凡是列入管理目录的产品必须符合法规要求才能投放市场。

1.3.1.1 适用范围

澳新的《电气安全法规》，均规定将电气产品分成公告产品(declared article)和非公告(non—declared article)产品，采用了不同的管理要求。

（1）公告产品

公告产品指在投入市场之前要求电气管理当局批准的电气产品。销售、出租或展示宣传未经批准的公告产品均属违法。公告产品目录由政府公报公布，主要针对容易引起安全危险的电气产品。公告产品适用于低电压电气产品和用于低电压装置的产品，但它不适于电池供电的产品。公告产品的产品大类主要为：家用电器类、灯具类、电气附件、电气设备和部分电子设备等约 60 种产品。

澳新两国的详细准入制度管制的公告产品目录见附件 2。

凡是公告产品在投入市场之前必须从电气管理当局获得批准证书(Certificate of Approval)。

注：对于未列入公告的电器产品，如果使用的部件或材料属于公告产品的话，则相关的部件或材料必须使用经批准的产品。如计算机不属于公告产品，但它所使用的插头和电源线必须使用经批准的产品。

（2）非公告产品

非公告产品指投放市场前无需由法定管理机构批准的产品，即未在政府公报中列出的电气产品，但不免除供应商保证产品满足最低安全标准要求的责任，所有的电气产品都要符合 AS/NZS3820 的要求。非公告产品可不经批准而直接销售，但零售商、制造商或进口商必须通过一份声明来保证该类电气产品符合安全要求。同时，零售商、制造商或进口商也可向相关当局申请自愿性的适用性证书(Certificate of Suitability)作为其声明的有效支持。

1.3.1.2 批准程序

根据法规规定，公告产品在销售前必须申请批准证书(Certilicate of Approval)，批准证书号应在产品上列明，以供市场监督用。批准证书是由各州电气产品管理当局(Electrical regulator)或类似机构(以下简称管理当局)在申报产品按照其安全标准进行检测合格后，对其颁发的证书，表明这些产品获得销售许可。而适用性证书针对非公告产品，旨在证明非公告产品符合相关标准。在澳大利亚，由管理当局颁发适用性证书(Certificate of Suitability，CS)，但在部分地区，如维多利亚州不再使用适用性证书(CS)一词，其相同文件称为符合性证书。对本文而言，适用性证书(CS)也包括符合性证书。新西兰不颁发适用性证书(CS)，其功能由安全报告来代替。

澳大利亚每一州的管理当局都接受来自其他州的批准证书(CA)和适用性证书(CS)，所以，在澳大利亚销售的产品，仅要求单一的证书。虽然澳大利亚管理当局同意接受新西兰的批准证书，但有些管理当局还会采取一些适当的管理行动。

新西兰电气管理当局或类似机构对于新西兰要求申报的产品，只要符合要求，则接受澳大利亚的证书。

①批准和适用性证书的申请

A.澳大利亚批准和适用性证书的申请

a.申请

应按照管理当局接受的格式，填写批准证书(CA)和适用性证书(CS)申请表。适用的申请表格式可在管理当局网站中下载(有些管理当局可能要求不同的格式或额外信息)。根据管理当局的要求，提交申请时通常应同时提交 b 到 d。

b.检测报告

检测报告应是管理当局接受的实验室出具的检测报告。在检测报告中要全面地显示该产品的符合性及该产品的清晰识别。应是原始报告或下列机构之一认证的证书及报告的复印件：

——澳大利亚国家试验管理委员会(NATA)或新西兰检测实验室注册协会(TEILARC)认可的实验室出具的报告(该报告的一部分可以是由分包实验室出具的报告)或与 NATA 或 TELARC 有双方互认协议的实验室出具的被其承认的报告。

——在 IECEE CB 体系之下颁发的 CB 检测报告和证书。

——不包括在上述报告中，但由管理当局所指定的检测实验室在其检测能力范围内所出具的报告，并且这些实验室已在他们自己的国家，由适当的国家机构或国际上的类似机构承认、证实或认可。

检测报告应能清晰地识别符合的是哪一国家的要求，特别是关于产品的额定电压。

注意：各国 CB 实验室信息可在 www.ieeee.org 和中国 www.cqc.corn.cn 上获取，其他可被认可的实验室的进一步信息可从管理当局获得。

c.产品的样品

管理当局在对报告存在质疑或报告未能完全满足澳大利亚要求时，可能要求申请者提交产品样品。

d.技术文件

申请证书的产品，要有充分描述该产品和识别该产品的技术文件，其中应包括：图纸，含线路图；材料和元件一览表；关键件的特性(如变压器、保护装置)；照片；向购买者提供的安全信息。

e.费用

管理当局所收取证书费的详情可从该管理当局索取。

f.产品的变更

有批准证书(CA)和适用性证书(CS)的产品，如要变更，供方(制造商或进口商)应就证书的相应修改向管理当局提出申请。对于因修改引起检测结果的变更或检测方法选择的变更时，通常要求对修改的产品进行附加检测或重新测试，并签发批准证书和适用性证书。

当变更所涉及的是一个新型号的产品时，供方应申请新的批准证书(CA)和适用性证书(CS)。管理当局将会考虑是颁发新的批准证书(CA)和新的适用性证书(CS)合适，还是修改原批准证书(CA)和原适用性证书(CS)合适。

如果是批准证书(CA)或适用性证书(CS)涉及的符合性声明中给出的供方信息有变化，则应在变更后的 21 天内，向电器管理当局报告。符合性声明的格式可在管理当局网页下载。

g.证书的颁发

如果管理当局对产品评估，得出肯定的结论，则管理当局将颁发证书。

B.新西兰批准和适用性证书的申请

a.申请

对公告产品，应填写管理当局所接受格式的批准证书(CA)申请表。其申请格式见新西兰相关机构网页。如果管理当局有要求，则随申请表还应附上 b.到 c.所覆盖的事项。对于已经获得澳大利亚的批准证书或适用性证书的产品，只要他们声明产品符合相关产品标准，并且其检测是基于 230V 标称电压的，则澳大利亚的证书直接适用而并不要求具有新西兰的单独批准。

对于非公告产品，新西兰不要求管理当局的批准，只需获得由管理当局指定的实验室出具的该产品的检测报告即可。

b.检测报告

检测报告的要求同澳大利亚，具体见本节 1．4．1．2 中(1)条中 b.的描述。

c.技术文件

技术文件的要求同澳大利亚，具体见本节 1．4．1．2 的 1 中(1)条中 d.的描述。

d.费用

批准证书的证书费详情可向管理当局直接索取。

e.产品的修改

已获批准证书(CA)的产品进行变更时，申请方应向管理当局申请。当产品变更会导致检测结果或检测方法选择的改变时，管理当局通常要求对变更产品进行变更附加检测或重新测试。当修改涉及一个新的型号时，建议申请方申请新的批准证书(CA)。管理当局将建议是新批准证书合适，还是修改原有的批准证书合适。

对于非公告产品的变更，申请方应向颁发安全报告的实验室咨询，以确定是否需要进一步的检测，以保证安全报告对被修改产品的有效性。

f.证书的颁发

如果管理当局对产品的评估结果是肯定的，则管理当局将颁发批准证书。

②批准和适用性证书的有效期

批准证书、适用性证书有 5 年的有效期，并可以更新或经管理当局同意延长它们的有效期。如果构成检测和批准依据的标准发生重大变化，在 5 年有效期之前，可以撤销批准证书、适用性证书。

③批准和适用性证书的产品变更

对于批准证书、适用性证书所涉及的产品，申请方应向管理当局报告以下内容：

计划进行的产品变更；(当其变更可能影响产品对相关标准的符合性，可能影响检测结果或检测方法的选择)

产品识别的变更(即商业名称、型式描述或目录号的变更等)。

在市场售出变更产品或产品重贴标志之前，应获得批准证书、适用性证书或准许变更的书面通知。

④符合性文件夹

符合性文件夹是全部相关符合性文件的汇总(或总称)，这些文件是证明产品符合其标准要求的技术支持，就安全准入的符合性文件夹而言，它应包括的符合性文件有(除了其他部分要求的文件外)批准证书(CA)、适用性证书(CS)或安全报告(SR)，并应包括与安全报告一起的全部技术文件的复印件。

注意：电气管理当局保存与 CA(批准证书)、CS(适用性证书)相关的文件的最长期限可达10 年。

1.3.1.3 标识／标志

电气产品投入市场之前，只要在安全或电磁兼容，无线电设备的频谱方面满足相应法规和标准要求，就可加贴 RCM 标志(THE REGULATORY COMPLIANCE MARK)。该标志以型式检测结果为基础，澳大利亚/新西兰的供应商、进口商或代理商在产品上使用该符合性标志(RCM)时，并还必须附有产品符合澳大利亚/新西兰法规的要求的声明，并对这一声明的准确性承担责任。RCM 标志不用作质量标志或可靠性标志，也不是澳大利亚/新西兰的强制性认证标志。RCM 标志是法规符合性的标志。

（1）RCM 标志的使用要求

RCM 是澳大利亚和新西兰管理当局拥有的商标，它的设计和使用通过在澳大利亚和新西兰的注册受到法律保护且应满足澳大利亚/新西兰标准联合委员会制定了 AS／NZS 4417．1：2000《表明电器产品符合法规的标志第 1 部分：标志使用的通用要求》标准的要求。对 RCM 标志的使用应符合以下规范，见图 1-11。

RCM 标志应采用印刷、涂色、模压、蚀刻和镂蚀等适合方法耐久性地施加；
该标志的制作，在产品的寿命期内，在正常或正确的视觉下，应字迹清晰；
RcM 标志可以用任何颜色制作；

图1-11 RCM标志

RCM 标志应放置在产品的外表面，尽可能靠近型号识别处，除非由于该产品的尺寸和物理性质不能够实现，此时，RCM 可以放置在标签上或包装上。另外，RCM 可以放置在与产品一起提供的促销材料上。

当使用 RCM 标志时，该产品或它的包装或伴随的印刷品(即说明书或担保书)应以下列的一个或多个方式识别供方：

在每一个销售国中的商行名称、地址和位置(澳大利亚和／或新西兰);

澳大利亚商行编号(ABN)、澳大利亚公司编号(ACN)、澳大利亚注册机构标号(ARBN)(仅在澳大利亚销售的产品);

澳大利亚电讯管理局颁发的供方代码,或 RCM 注册机构颁发的供方代码。

注意:① 根据法规规定,公告产品在销售前必须申请批准证书,批准证书号应在产品上列明,以供市场监督用。因 RCM 标志总是与某个固定的供应商,进口商或代理商的识别号同时使用,产品上如使用 RCM 标志,可不用标注批准证书号。所以一般大型的供应商,进口商或代理商会采用 RCM 标志,以便在等待 CA 证书颁发的同时进行批量生产,从而节省生产时间。②如果产品在安全方面属于公告产品,而不在电磁兼容要求的范围内,那么,只要其符合 AS／NZS 4417．2《表明电气产品符合法规的标志第 2 部分:电气安全法规应用的特殊要求》的规定,就可获得使用 RCM 的权利。如果产品既在安全准人的范围内,又在电磁兼容准人要求的范围内,则必须同时满足两者要求后,方能使用 RCM。在使用 RCM 方面,识别哪些法规性要求适用于该产品,是供应商的责任。③一个产品只有全部符合所有适用法规性要求时才能使用 RCM,只要有其中一项规定不符合也不应使用该标志。

（2）RCM 标志的管理

澳洲管理当局有责任监视和强制供方对 RCM 的正确使用。其目的是确保 RCM 仅使用于符合适用法规和标准要求的产品上。其监视和强制过程可包括售前的认证或注册、不符合的申诉调查和随机或按计划安排的核查和售后的市场审核。

通过产品或从产品的供应链而来的信息识别,管理当局可以追溯带有错误标记产品的供应商。在澳大利亚的各州和联邦以及新西兰有关货物销售、广告、贸易或电器安全的法律中,规定了错误使用 RCM 标志的惩罚。

（3）RCM 标志的符合性文件

由于 RCM 标志是一涉及电气安全和电磁兼容、无线电设备的频谱等多个方面的法规性符合性标志。所以供应商应在上述几个方面建立和保持使用 RCM 标志的产品符合性文件夹。

符合性文件夹应包括下列内容:

按照本节附件 4 的格式,由供方授权的代表所做的供方符合性声明;

AS/NZS 4417．2 和 As/NZS 4417．3 标准的其他部分所要求的全部文件。

符合性文件夹由负责将产品投放市场的供应商保存,并且当管理当局有请求时应向其提供。符合性文件夹在产品和供方的信息方面(即公司名称和地址的变更)要随时保持更新,并通知 RCM 注册机构,如果 AS/NZS 4417．2 和 AS/NZS 4417．3 标准的其他部分有要求,还要通知相关管理当局。供方符合性文件夹,从产品销售的最后日期算起,应保存 10 年。

（4）使用 RCM 的注册

打算在产品上使用 RCM 标志的供应商(供方)应按照规定的格式,向 RCM 注册机构(澳大利亚标准局)申请注册使用 RCM 标志,但无需对每一个使用 RCM 标志的单独产品进行注册。如果在产品上使用的识别供方的方式发生改变或增加时,则供方应向注册机构通知变更的信息。RCM 注册机构应保存 RCM 标志的已注册用户所提供信息的信息库,公众可进入相关网址查询。

1.3.1.4　主管机构

根据《电气安全法规》澳洲的各州/特区电气管理当局(Electrical regulator)或其他类似机构,是澳大利亚和新西兰负责受理电气安全法规方面申请的主管机构。

澳大利亚电气管理当局的最新联络地址,请参考电气管理理事会网址：www.erac.gov.au

此外,新西兰电气管理当局的最新联络地址可以参考新西兰经济发展部的官方网址：http://www.med.govt.nz

1.3.1.5　标准体系

电气产品安全准入制度依据的产品安全标准是澳大利亚和新西兰的协调标准。澳新协调标准基本上以 IEC 国际电工标准为基础,但对部分产品,如冰箱、饮水机等,在对材料耐热耐燃的要求上存在差异。详细的标准目录请参见 AS/NZS4417.2：2001((澳大利亚/新西兰标准电气产品指示其符合法规的标志,部分 2：电气安全法规性申请的规定要求》附录 D。本附录列出了为确定产品符合电气安全的法规要求,进行产品型式试验使用的标准。

RCM 网页(www.standards.corn.au/rcm/)也提供标准一览表,定期根据标准版本及增补件的变化进行更新。

1.3.1.6　电磁兼容准入要求

（1）澳新电磁兼容的法律法规体系

在 20 世纪 90 年代期间,澳大利亚和新西兰在电磁兼容(EMC)法规体系方面不是全部协调的,虽然 EMC 标准是协调一致的,但在每个国家中,有不同的符合性要求,并且在一个国家获得法规性的批准,不能自动被另一个国家接受。经过澳大利亚通信管理委员会(ACA)和新西兰无线电管理委员会(RSM)对电磁兼容性的管理程序,两国的法规、标准和符合标志的整套技术文件协调,通过这些协调工作,建立了两国协调的法规管理程序和符合性制度,从 2001 年 11 月起,使用符合标志的产品只要满足澳大利亚的 EMC 管理要求,也就同时满足新西兰供应、分销和销售的 EMC 的要求。

（2）澳大利亚涉及 EMC 的法律法规

A.无线电通讯法令 1992,Radiocommunications Act 1992;

B.澳大利亚通讯授权法 1997，the Australian Communications Authority Act 1997；

C.无线电通讯（电磁兼容）标准 2001，Radiocommunications (Electromagnetic Compatibility)Standard 2001；

D.无线电通讯(C 勾号标志)决定 1998，Radiocommunications(C—Tick Mark)Determination 1998；

E.无线电通讯(符合性标签——偶发辐射)通告 2001，Radiocommunications (Compliance Labelling-Incidental Emissions) Notice 2001；

F.无线电通讯（认可机构）决定 1998，Radiocommunications(Accreditation Body)Determination 1998；

G.工业电气产品的电磁兼容，Electromagnetic Compatibility of Industrial Electrical Equipment；

澳大利亚的法规下载网址为：http://www.acma.gov.au

（3）新西兰涉及 EMC 的法律

A.无线电通讯法 1989，Radiocommunications Act 1989；

B.无线电通讯法修正件 2000/2002/2005，Radiocommunications Amendment Act 2000/2002/2005；

C.无线电通讯法规 2001，Radiocommunications Regulations 2001；

D.无线电通讯修正法规 2003，Radiocommunications Amendment Regulations 2003；

E.无线电通讯(电磁兼容符合性)通告 2001，Radiocommunications (Electrornagnetic Compatibility Compliance) Notice 2001；

F.无线电通讯(EMC 标准)通告 2004 第 2 号，Radiocommunications (EMC Standards)Notice 2004 No. 2；

G.无线电通讯(法规性协调)通告 2004，(Regulatory Harmonisation)Notice 2004；

H.无线电通讯(符合性)通告 2004，Radiocommunicaticons(Compliance)Notice 2004。

（4）澳大利亚电磁兼容的准入要求

①适用范围

根据 2001 年政府发布的强制执行电磁兼容产品目录对于电子电气产品，主要为：工业、科技、医用(ISM)设备，音像设备；家用电器设备；电动工具和电热器具；照明和类似设备；信息技术设备。不需要进行申请的产品为：在澳大利亚以外的地区制造，并且不是为进口到澳大利亚销售的装置；从新西兰进口到澳大利亚销售，并已符合新西兰相关法规的装置；不在需要申请的范围内的产品。

②批准程序及 EMC 法规管理的产品合格等级和要求

EMC 法规管理的电气和电子产品，依据产品预期的骚扰发射干扰通讯设备的风险予以分级。供方在使用合格标志前，产品应符合合格等级的分级规定。

针对不同级别的产品，符合性水平评定的要求不同：

高风险装置：在 AS/NZS 2064 标准中，属于第 2 组的 ISM 设备，即工业、科学和医疗的无线电频率设备类和属于 AS/NZs 3548 标准中的电信终端设备。

低风险装置为：其运行对使用无线电频率的其他装置具有低骚扰的装置，并且包含下列任一元件：手动开关、简单继电器、无电刷鼠笼感应电动机、传统交流变压器、阻抗性元件(例如电热元件)。

中风险装置：高风险装置和低风险装置以外的装置。

在对装置施加 EMC 符合性标志之前，供方必须让装置满足于表 1-15 中针对不同的符合性水平提出的要求。

表1-15 符合性水平要求

序号	要求的项目	水平 1	水平 2	水平 3
1	准备一个对装置的描述	●	●	●
2	按照相关格式，对装置做一个符合性声明	●	●	●
3	通过检测结果报告或技术评估显示对相应标准的符合性		●	
4	由认可过的检测机构出具的检测结果报告或技术评估显示对相应标准的符合性			●
5	"C-Tick"标志或"RCM"标志	自愿	强制	强制

注 "●"表示对应的符合性水平,装置的供方必须满足要求。

    低风险装置为符合性水平 1;

    中风险装置为符合性水平 2;

    高风险装置为符合性水平 3;

③EMC 法规管理要求

A.符合性文件夹

供应商在向管理机构申请符合性标志的使用权之前，必须建立符合性文件夹(Compliance Folder)。符合性文件夹是符合性声明的基础，属于强制要求。

当通过检测或技术评估来证实符合性时，符合性文件夹应包括除了 AS/NZS 4417. 1《表明电器产品符合法规的标志第 1 部分：标志使用的通用要求》的规定要求外，还应包括澳大利亚频谱管理机构(Spectrum Management Agency，SMA)出版的《电磁兼容构架供方信息》中所描述的信息。

符合性文件夹至少要包括：

a.试验报告或技术结构文件，证明产品符合标准。

试验报告可以是由申请方或 EMC 实验室出具的检测报告。但如果产品为高风险装置，进行的检测必须由被认可的检测机构进行。

b.符合性声明：由供方高级人员签署的产品符合强制性标准的合格声明。声明应由产品供应商按照澳大利亚 ACMA(Australian Communications and Media Authority)澳大利亚通讯和传媒管理局的供方符合性声明格式做出。

c.技术评估证明：技术评估是指由具备能力的机构通过对申请方提供的技术支持性的文件(一般指由申请方出具的检测报告)的技术评价确定装置对标准的符合性。具备能力机构一般为 NATA 认可的澳大利亚的 EMC 检测实验室。

d.电路图、照片、产品描述和任何与声明有关的工程评估。

注：被认可的检测机构是指由 NATA；或与 NATA 有互认协议的机构认可的检测机构；或在澳洲和欧共体符合性评估证书和标志互认协议中的机构；或在澳大利亚与欧盟或外国之间有符合性评估证书和标志互认协议的机构。符合性文件夹可保存在澳洲之外的地方，存放地点必须在声明中写明。文件夹必须在产品停止生产或进口后再被保存 10 年。

B.技术结构文件

当属于下列情况时：

产品由于其物理特性或其所在的地方不能进行测试；

上市的产品都各不相同(如：品种多数量少的产品)；

产品只适用于部分标准。

供应商无法使用符合性文件夹中的文件来证明产品的符合性，此时可以使用技术结构文件(Technical Contruetion File，TCF)来代替，使用技术结构文件 TCF 时，供应商应向具备能力机构提出申请(具备能力机构通常由澳大利亚通信部来指定，原则上澳大利亚的具备能力机构会自动被新西兰认可，反之亦然)，让其出具一份技术报告。

如果产品或产品的变更可以用测试结果来证明符合性，则并不建议普遍使用技术结构文件 TCF 来证明产品的符合性。

使用技术结构文件支持符合性声明的要求在前频谱管理局(Spectrum Management Agency，SMA)出版的《电磁兼容构架，供方信息》中进行了详细规定。详细信息请查阅下列网站：http://www.acma.gov.au/ACMAINTER.65640；STANDARD：942818274；pc=PC_2797

技术结构文件一般分为 3 部分内容：

第 1 部分："草稿"部分由供应商准备，包括：供应商宣称产品符合性和支持性的证据，这些证据可能包括型号、使用和安装信息、产品构造，此外，还必须附带一份供应商的声明，证明没有向其他具备能力机构提交关于该产品的申请(避免重复申请)；

第 2 部分：由具备能力机构完成对第 1 部分的验证报告；

第 3 部分：供应商符合性声明。

一份完整的技术结构文件(TCF)应包括：产品的详细描述；使用 TCF 的技术原因；说明管理产品放射特性的步骤，包括部分或全部应用标准；所有与产品有关的技术报告；所有的由具备能力机构出具的报告；符合性声明。

注意：TCF 的内容和结构会因为使用 TCF 的根本原因的不同而有所变化；需要了解澳大利亚 ACMA 指定的"具备能力机构"的名单请与 ccat@acma.gov.all 联系。

④符合性声明

符合性声明是由澳新两国供应商签署的证明投放市场产符合EMC程序要求的正式文件，由公司或机构的高级人员签署。

每个新型号或新产品都需要合格声明，对由基本型号派生的规格，如果没有技术上显著的变更(即不改变发射特性)，则可以认为派生规格也符合标准。

⑤符合性标志

"C 一勾号标志"即：C—Tick mark。"C-勾号标志"是无线电通讯法 1992 的 188A 节规定的受保护标志。该标志是由新西兰商务部(Ministry of commerce in New Zealand)和澳大利亚 ACMA 拥有的符合性标志。"C 一勾号标志"仅作为电磁兼容的符合性标志使用，如使用该标志还必须标明使用者在 ACMA 的注册码，见图 1-12：

图1-12 C一勾号标志

申请方向澳大利亚主管机构(ACMA)提出使用"C 一勾号标志"的申请并获得批准后，可获得一个唯一的注册码，该注册码是"C 勾号标志"的一个组成部分。申请表格式见《无线电通讯(符合性标签——偶发辐射)通告 2001》[Radiocommunications(Compliance Labelling Incidental Emissions)Notice 2001]细目 3(Schedule 3)使用"C 一勾号标志"的通知和申请(Notification and Application to use C-Tick mark)。下载网址为：

http://www.comlaw.gov.au/ComLaw/Legislation/LegislativeInstrumentl.nsf/all/search/12D12F04DB8F5CB4CA256F87001C0F1F

如果产品同时满足电气产品安全法规的要求，产品符合 EMC 法规要求的符合性也可以采用前文中提及的 "RCM"标志表示。

⑥市场监督

如果产品申请了符合性标志，授权管理机构 ACMA 可根据市场的情况，在需要时以书面形式要求供应商提供 3 个产品样品给 NATA 认可机构指定的实验室进行检测，以确定产品是否符合相应的标准。供方必须在"请求函"写明的日期后的 10 个工作日内履行请求。

（5）EMC 主管机构

澳大利亚通讯和传播管理局(The Australian Communications and Media Authority，ACMA)，于 2005 年 7 月 1 日成立，由前澳大利亚通讯管理局和澳大利亚广播管理局合并而成。它和澳大利亚挑战和消费者委员会一起负责管理广播工业，互联网、电讯工业和无线电通讯工业。ACMA 成立后，代替了澳大利亚的前 EMC 法规管理机构频谱管理局(Spectrum Management Agency，SMA)的工作。其下属的管理机构见网址：

http://www.acma.gov.au/ACMAINTER.65646:NONSTD:1135425108:pc-PC-2817

澳大利亚的 EMC 实验室见 http://www.nata.asn.au

（6）标准体系

澳大利亚 EMC 的标准多采用 CISPR 和 IEC 标准，具体标准目录见：

http://www.acma.gov.au/ACMAINTER.65646:STANDARD:1135425108:PC =PC_2797

1.3.1.7　新西兰电磁兼容的准入要求

（1）适用范围

除了来自无线电发射机的有用和有害的辐射，属于干扰设备的每一个产品均在法规管理的范围之内。下列产品免除符合性声明和粘贴标签的要求：

A.功率消耗不超过 6mμ w 的产品；

B.打算用于替换产品零件的备用件；

C.《运输(车辆注册和许可)法》1986 的部分 1 之下的注册车辆或公共道路上使用的、被注册的车辆；

D.新西兰军队的军用设备或武器系统；

E.与新西兰军队有合作关系的其他国家军队的军用设备或武器系统。

（2）批准程序

①符合性水平等级

在符合性水平划分方面，新西兰与澳大利亚对于电气产品的要求相同，但对于无线电的产品又分为 A1 / A2 / A3 3 个级别，见表 1-16。

表1-16 新西兰 EMC 6个符合性水平等级对比表

符合性水平等级	适用产品范围	产品分类	产品上的标志标识				符合性文件夹		
			a	b	c	d	e	f	g
符合水平1	手动操作的开关或类似继电器	无线电发射机	必须 ●		必须 ●	必须 ●	必须 ●		
	鼠笼式无刷、感应电动机、线绕组、电网频率变压器、整流器二极管、耐热元件	不是无线电发射机	可以 ●		可以 ●	必须 ●	必须 ●		
符合水平2	微处理器或其他被锁的数字装置、无线电频率震荡器、换向器或滑环电动机、弧焊设备、灯镇流器、运行在开关动作或非线、性模式的电子装置（如开关电源、灯的调光器、电子变压器和电动机速度控制器）		必须 ●		必须 ●	必须 ●	必须 ●	必须 ●	
符合水平3	AS／NZS CISPR11 定义的工业、科学和医用设备的第 2 组，遵循附录和表6中有关工作频率的规定		必须 ●		必须 ●	必须 ●	必须 ●		必须 ●
符合水平A1	车库开门机、婴儿监视器、无线启动装置、无线电控制玩具和其他短程无线电装置			必须 ●		必须 ●	必须 ●		
符合水平A2	无绳电话			必须 ●		必须 ●	必须 ●	必须 ●	
符合水平A3	民用波段无线电、紧急位置指示器、无线电信标、传呼电话机和车载无线电			必须 ●		必须 ●	必须 ●		必须 ●

注：符合性水平 A1、A2、A3 为无线电产品的符合性水平等级。

a：粘贴符合性标志；　b：供应商代码编号；　c：粘贴供应商标识；

d：符合性声明；　e：产品描述；

f：检测报告或制造商的性能规范或另一机构颁发的证书；

g：由认可的检测机构颁发的检测报告。

②符合文件夹

A.符合文件夹由电磁兼容通告第 4 节规定的文件组成。主要包括了：符合性声明、EMC 测试结果、产品描述等文件。符合文件夹必须是英文书写，并可以以电子文本保存。如果仅能以书写的方式获得，则必须保持在新西兰的供应商地点。从产品停止供应算起，供应商必须保存符合性文件夹中的文件至少 5 年。

B.如果产品更变，必须有一个签署的声明，声明其变更不改变产品的电磁兼容特性或无线电频率发射的特性。如果另一管理机构颁发的证书是符合性声明的基础，则必须包括产品的改变符合新西兰要求的证据。当执行主管机构提出书面请求，要获得这些文件时，供应商必须在请求签署日期的 10 个工作日内，以书面形式出示。

C.对于符合性文件夹中的文件不需要严格的格式，只要实质上的符合、或情况允许的符合、或特别考虑的符合就足够了。

新西兰的供方符合性声明的格式见网址：

http://www.rsm.govt.nz/standards/index.html

③符合性标志

在新西兰，对于在《无线通讯(无线电)法规 1993》和《无线电通讯干扰公告 1993》(包括修正件)范围内的电气和电子装置，可以使用 RCM 标志，表示对 EMC 法规的符合性。RCM 标志的使用是自愿性的，并且不是法规的要求。RCM 标志的使用与产品的类型相关，如干扰设备。

申请使用 RCM 标志时应填写 AS / NZS 4417.1 的附录 C 给出的使用 RCM 标志的意向注册申请，且应通知商务部通讯司使用 RCM 标志的意向和建议使用的供方识别信息。申请书格式见：http://www.dia.govt.nz

在新西兰使用 RCM 表示产品符合 EMC 的要求需满足以下条件，见表 1-17。

表1-17

产品级别	符合的条件
0 级符合性水平的产品，(即不在 1、2、3 和 A1、A2、A3、级别之内的产品)它属于低风险产品	该类干扰设备不在 1 水平或 N 水平的范围内。其有些干扰设备，根据它的设计或使用性质，对引起干扰，具有低的潜质。RCM 之前的程序可适用：设备必须符合新西兰的适用标准，但不要求必须跟随符合性程序。
1 级符合性水平的产品，为消费者器具	大量销售的、电网供电的干扰设备类，并包括下列之一或之几：开关电源、电子变压器或电子镇流器；微处理器或其他时钟的数字装置；广播无线电或 TV 的本机振荡器；整流子和滑环电动机；电动机速度控制器；ISM 设备(按 CISPR 11 的定义)。

	RCM 之前的程序可适用：供方必须提交给商务部一份附录 c 给出格式的符合性声明。这个声明必须以批准的实验室出具的显示产品符合相关标准的检测报告为基础。
N 级符合性水平的产品(指 2、3 级符合性水平)一般指配电网络	构成配电网络不可分割一部分的干扰设备类，例如高空电力线。RCM 之前的程序可适用：商务部通讯司可以要求一份符合性声明和显示设备符合相关标准的检测报告。如果对于该设备没有适用的标准，则该设备的结构必须是以潜在干扰最低的方式来设计制造的，并且以报告(技术结构文件)证实。

当产品不适合使用 RCM 标志，但供方希望表示产品对法规的符合性的场合，对于向商务部通讯司申请的个案，其供方可以使用"C-勾号标志"。一个单一的申请可覆盖供方未来在符合法规要求的全部产品上对"C-勾号标志"的使用。

注意：如果产品已经满足了相关标准的要求，并且其不同的无线电频率辐射特性不可能超过该产品特性，则变更产品可不必重新申请 RCM 标志。

（3）新西兰 EMC 主管机构

新西兰 EMC 的主管机构是新西兰经济发展部无线电频谱组。无线电频谱管理组是新西兰经济发展部的一部分，它是无线电通讯法 1989 和次一级法规无线电通讯法规 2001 之下管理者。它实施下述功能：无线电频谱政策、无线电频谱策划、许可、许可注册、骚扰抱怨、符合性。

联系方式如下：

the Radio Spectrum Management Group(RSM)of the New Zealand Ministry of Economic Development

电话：+64 0508 776 463；　+64 3 962 2602

传真：+64 0508；　+64 9 916 4561

email：rsm@reed.govt.nz

网址：http://www.med.govt.nz/rsm/standards

（4）标准体系

新西兰的电磁兼容检测使用的标准在《Radio communications (EMC Standards) Notice 2004》中作出规定，http://www.rsm.govt.nz/standards/notices/emc-stds/index.html 这一网址上可以进行下载。

新西兰电磁兼容检测标准包括下几个部分的标准，有澳新联合标准、澳大利亚标准、新西兰标准、CISPR 标准、IEC 标准、EN 标准。其检测标准及使用代码、频率特性对应的频率范围、标准变更可在该通告中的下述几个表中查到。

Table 1 — Australian&New Zealand(AS/NZS，AS，NZS)Standards

Table 2 — Special Committee on Radio Interference(CISPR)Standards

Table 3 — International E1ectrotechrlical Commission(IEC)Standards

Table 4 — European Norm(EN)Standards

Table 5 — Codes of Practice

Table 6 — ISM Frequencies

Table 7 — Variations to Standards

注意：澳大利亚各州和新西兰在电气法律之下，除了在安全和电磁兼容方面有强制性的准人要求外，还针对电气的节能，制定了一些有关能源效率的法规，如：维多利亚州的《电安全(器具效能)法规 1999 第 48 号》、《新南威尔士州的电安全(器具效能)法规 1999(114 号)》、《西澳大利亚的电(能效标签)法规 1997》、《新西兰的能效(用能产品)法规 2002》等。因此，下列电气产品到澳大利亚销售，强制要求其带有批准的能效标签：冷藏箱和冷冻箱；洗衣机；于衣机；洗碗机；空调器(单相空调器强制；三相空调器自愿)。

下列产品也处于法规管理之下，但不要求粘贴能效标签(即仅要求注册)：在管网压力下的贮水式电热水器；在管网压力下的小型贮水式电热水器(<80 L)和低压热交换型；三相电动机(O．73 kw～185 kw)、三相空调器，最高冷量达 65 kW；长条型荧光灯镇流器。

1.3.2 认证制度

澳大利亚实施两种认证制度，除了强制性的市场准入外，各认证机构还开展了包括工厂质量体系保证能力审核的自愿性认证。

1.3.2.1 澳大利亚标准局国际有限公司(SAI)

（1）机构简介

澳大利亚标准局国际有限公司(SAI Global Limited)作为一个上市公司，其主导的业务是在北美、欧洲、澳新和亚洲的标准出版业、符合性评估业务、培训、机构担保。澳大利亚标准局国际有限公司其主要业务分为 4 个部分：即符合性服务(Compliance Services)、担保服务(Assuranee Services)、专业服务(Professional Services)、业务仲裁(Business Awards)。在提供独立的评估和认证服务方面，澳大利亚标准局广泛被熟知的标志是"五个勾号标准标志"它是针对公司和产品符合管理体系或产品标准要求的许可。该标志的使用范围包括质量、环境、职业健康和安全、信息安全、食品安全、航空、汽车和产品。

SAI 同时是澳大利亚在 IECEE 体系中国家成员机构(MB)和国家认证机构(NCB)，在 SAI 下有 4 个 CB 实验室，分别在澳大利亚有 3 个，在新西兰有 1 个。SAI 可依据家用电器，安装附件，医疗设备，仪器仪表，信息技术，电子娱乐设备以及安全变压器 7 大类产品颁发和认可 CB 测试证书和报告。

（2）SAI 开展的认证服务

SAI 对电器产品开展型式检验认证(Type Examination Certification)和标准标志认证(StandardsMark Certification)两类认证方案。

①型式检验认证

型式检验认证(Type Examination Certification)是 ISO 的第一种认证模式，即型式试验认证方案该方案要求产品符合相关标准，它不要求预先的许可和生产工厂的年度审核，只是授予其一个许可号，并标示在产品上。对于"型式检验认证"不提供认证标志。该许可的有效期为 5 年。型式检验认证是根据《电气安全法 1945》(The electricity safety Act 1945)和《电安全法规(器具安全)1999)》[the Electricity Safety(Equipment Safety)Regulation 1999]的要求来严格进行的。

②标准标志认证

标准标志认(StandardsMark Certification)是 ISO 的第 5 种认证模式，它要求制造过程要符合基于 ISO 9000 的质量体系标准，另外产品要符合相关产品标准。要求预先的许可和生产工厂的年度质量体系审核，审核也可以由该机构委托的其他机构(如其他 NCB)来进行。只要全部的要求得到满足，许可的有效期是没有明确限定的。申请方可从该机构获得许可号，并且将 StandardsMark 标志标识在产品上。它涉及的产品主要有：插头、插座和家用电器等。

有关标准标志认证（即 five ticks、StandardsMark 产品认证）的更详细信息请到 http://www.standardsmark.corn 网站查询。

③机构认证标志

标准标志认证(即"five ticks"StandardsMark 产品认证)的图示见图 1-13。

图1-13 五勾号标准标志

上述标志为对电气产品的"五勾号标准标志"，它是澳大利亚被广泛承认的认证标志。

1.3.2.2 澳大利亚检测和认证(TCA)

（1）机构简介

澳大利亚检测和认证(Testing&Certification Australia)是国家计量服务机构,也是澳大利亚最大的电业公司之一的澳大利亚能源(EnergyAustralia)拥有的商业检测实验室。其具体的业务范围是:

计量产品和服务——大功率设备检测;

电气产品符合性检测——计量服务。

TCA Chatswood 实验室是澳大利亚检测和认证下属的实验室,是国家级电器安全检测机构,其检测范围包括:家用电器和信息技术设备。它能提供完整的检测、一致性认证、批准和咨询服务。该实验室是 IECEE—CB 体系中澳大利亚 NAB 的 CB 实验室。

（2）TCA 开展的认证服务

澳大利亚检测和认证(Testing&Certification Australia,TCA)除了做强制性认证外,还开发了新的自愿认证制度提供给客户。它属于 TCA 提供的独立第三方的认证,该制度要求对制造现场进行年度的审核,以确定其是否符合安全和质量标准。通过显示在产品、包装、说明书上的该机构的认证标志,向零售商和消费者促销产品。

TCA 能够进行认证的产品有:厨房器具和电热器具;电动工具;电源和带插脚的适配器;洗衣机;电冰箱和冷冻箱;空调器;彩色电视机等产品。

（3）机构认证标志

TCA 的自愿认证标志见图 1-14

图1-14 自愿认证标志

1.3.3 国际互认情况

1.3.3.1 澳大利亚国际互认情况

（1）澳大利亚联邦各州和新西兰的互认情况

澳大利亚和新西兰两国互为最重要的贸易伙伴。1983 年《澳新更紧密经济关系贸易协定》

(CER)正式生效，两个经济区一体化进程开始。1992年澳大利亚联邦和各州/特区政府签订了相互认可协议(MRA)，对法规和标准进行了协调和统一，并着手实施相互认可。该协议经各州立法程序后，生效实施。生效后第一州生产或进口，并合法销售的商品，可在第二州销售，无需符合第二州的其他要求。实现了推动商品和服务在澳大利亚市场的自由流动的目标。1996年澳大利亚联邦、州/特区政府和新西兰政府签署了非条约性质的《夸特斯曼相互认可计划》(TIMRA)，经各方立法程序后，于1998年5月1日起正式生效。TIMRA认可澳新两国之间的特殊关系，提供了两个经济区之间最高等级的一体化法规。

澳大利亚的各州和新西兰的这一互认协议可以说是第一个在符合性评估方面的相互认可的协议，其主要涉及医药产品、医疗设备、通讯终端产品、低电压产品、电磁兼容、机械产品、高压力设备、汽车产品。目前澳大利亚/新西兰标准联合委员会QR/12即《符合法规性要求的标志》制定了AS/NZS 4417.1:2000《指示电器产品符合法规的标志》标准，要求电气产品投入市场之前，要在安全、电磁兼容、无线电设备的频谱等3个方面符合相应国家的法规，施加表示产品符合法规的标志。

（2）澳大利亚与其他国家和地区的多边互认

目前澳大利亚联邦在符合性评估方面已经有两个互认协议，一个是与欧盟(EU)的互认协议，主要涉及汽车产品、电磁兼容、低电压设备、机械、医疗设备高压力装置和历史试验设备。涉及的国家有比利时、丹麦、芬兰、法国、德国、爱尔兰、意大利、荷兰、西班牙、瑞典和英国。另一个是与欧洲自由贸易联盟(EFTA)的互认协议，它包括冰岛、列支敦士登和挪威。其范围包括医疗装置、机械、压力设备、低电压设备、通讯终端设备、电磁兼容和汽车零件。澳大利亚也同时加入了IECEE—CB体系。

（3）澳大利亚和其他国家的双边互认

澳大利亚和新加坡在符合性评估方面有多边相互认可协议。另外，澳大利亚还有4个自由贸易协议，即2005年1月开始实施的澳(大利亚)、美(国)自由贸易协议，2005年1月开始实施的泰(国)、澳(大利亚)自由贸易协议，2003年7月实施的新加坡和澳大利亚的自由贸易协议以及澳大利亚和新西兰更紧密经济关系贸易协议。

（4）澳大利亚与国际组织的互认情况

澳大利亚是国际电工委员会IEC的成员国。其成员单位为澳大利亚国家委员会(Australian National Committee of IEC)。其NCB为SAI Global，其下有5个CB实验室，它们是：TCA(澳)；Austest(澳)；Comtest(澳)；Energex(澳)；Wakefield Laboratories(新)。

NCB和CB实验室的检测和承认的标准范围请查阅IECEE的网站：

http:// www.iecee.org/cbscheme/html/cbcntris.html

注意：新西兰没有 NCB，只有一个 CB 实验室，在澳大利亚的 NCB 属下。

1.3.3.2 新西兰国际互认情况

新西兰有两个多边互认协议，一个是 1998 年新西兰与欧盟(European Community)在符合性评估方面签署了多边互认协议。主要涉及电磁兼容、低电压设备、机械、医疗设备、高压力设备和临时试验设备，涉及的国家有丹麦、芬兰、法国、德国、意大利、荷兰、西班牙、瑞典和英国。另一个是新西兰与澳大利亚各州的多边互认协议。

新西兰与国际组织的互认情况同澳大利亚。

1.4 日本市场机电产品安全环保合格评定程序和认证标志

1.4.1 法律法规体系

1.4.1.1《电气设备和材料妥全法》概述

日本的电器产品市场很大，日本消费者对电器产品的安全性也非常的重视。1961 年日本政府为了防止粗制滥造的电气用品对人身和财产造成危害，制定了《电气用品取缔法》(Electrical Appliance and Material Control Law)(DENTORL)，列入该法规定的共有 498 种电气产品，其中 165 种 A 类产品应取得 T—MARK 认证，333 种 B 类产品应取得 S-MARK 认证。对规定的电气用品必须向通产省大臣申请注册，并被确认符合通产省所规定的技术标准后才允许在日本市场销售，取得注册的制造商或进口商在销售其被认可的电气用品进入市场时，必须加贴通产省规定的 T 型安全标志。

随着日本市场的日益规范和消费者对安全标志的认知度的提高，日本政府准备逐步转向欧共体的市场管理模式，于 2001 年 4 月取消了《电气用品取缔法》，并始实施日本《电气设备和材料安全法》(DENAN)。并以 PSE 标志取代了原来的 T 标志。其中特定的电气产品由原来的 496 种减至 112 种，主要为线缆、配线装置、保险丝、限流器、小型单相变压器、电动机、电加热器具等类产品。

《电气设备和材料安全法》有别于以前的法规体系，新体系由非官方的机构来保证产品的安全性，但必须由日本经贸产业省许可的第三方认证机构认证。《电气设备和材料安全法》由日本通商产业省(METI)进行管理执行。所有《电气设备和材料安全法》覆盖的电子电气产品必须贴上 PSE 标记。

新法旨在使旧法更加合理化，同时，也更符合世界潮流。新法中，绝大部分电器产品采用厂商自愿性的申报，使日本政府的介入最小化。执行的检测机构也由公益法人放宽至政府认可的民间实验室，引入了市场自由竞争的机制。同时，新法增加了危险品回收的相关规定，也加重了对违规的惩罚力度。

1.4.1.2 《电气设备和材料安全法》内容

依据日本政府制定的《电气设备和材料安全法》(DENAN)和通产省颁布的省令(技术标准)，电气产品被分为指定产品(SP)和非指定产品(NSP)两大类。凡是属于指定目录内的产品，必须获得由日本经贸产业省许可的第三方认证机构根据 DENAN 法要求的对产品进行的测试，并需要工厂检查，获得第三方认证的产品方可加贴菱形 PSE 标志。对于非指定产品可以不需要第三方认证，但需要制造商的合格声明，并加贴圆形的 PSE 标志方可进入日本市场。

（1）指定产品

指定产品为强制性认证产品(A 类共 112 种)，包括：电线电缆、保险丝、配线装置(如盒式开关、接地泄漏短路器、转换开关、接线盒等)、单相小功率变压器(如：电子设备用电压器、荧光灯镇流器等)、加热器具(如：电热水器等)、电动设备等产品类别，该类产品必须获得由日本经贸产业省许可的第三方认证机构根据《电气设备和材料安全法》要求的对产品进行的测试，并需要工厂检弯，获得第三方认证的产品方可加贴菱形 PSE 标志。

（2）非指定产品

非指定产品为自愿性认证产品(B 类共 340 种)，包括：信息技术类产品，电子娱乐和家用电器类产品，比如计算机，电子游戏机、打印机、电视接收机、洗衣机、电冰箱，空调等设备。不强制要求第三方测试和认证，制造商若能根据《电气设备和材料安全法》的安全要求保证电气产品的安全结构，并进行工厂的自我检查和合格声明，即可自行贴附圆形 PSE 标志。做法类似欧洲市场的 CE 标志。

根据《电气设备和材料安全法》，制造商和日本进口商有义务保存测试结果和证明资料，在市场上销售的产品上必需贴有菱形/圆形 PSE 标志。

（3）日本《电气设备和材料安全法》的合格评定要求(见表 1-18)

表1-18 日本《电气设备和材料安全法》的合格评定要求

	种类	合格评定要求	工厂审查
指定产品 SPs	112	要求获得 METI 授权的第三方合格评估机构(CAB)的测试	必须符合《电气设备和材料安全法》的技术要求
非指定产品 NSPs	340	伴随自我声明计划	需要工厂自我检查
		不需要第三方测试和认证	

1.4.2 市场准入要求

依据《电气设备和材料安全法》(DENAN)，无论是指定产品(112 种)，还是非指定产品(340种)，凡是进入日本的列入目录的电气产品必需贴有菱形/圆形 PSE 标志才能够销售。

1.4.2.1 适用范围

（1）指定产品(共 112 种)

被列为指定产品类别包括：电线电缆、保险丝、配线装置(如盒式开关、接地泄漏短路器、转换开关、接线盒等)、单相小功率变压器(如：电子设备用电压器、荧光灯镇流器等)、加热器具(如：电热水器等)、电动设备等产品类别。

（2）非指定产品

被列为非指定产品的类别主要为：家用电器、电子娱乐、信息技术等类产品。

1.4.2.2 批准程序

根据日本《电气设备和材料安全法》规定，指定产品(A 类)和非指定产品(B 类)应按照相应的工作程序获得批准，见图 1-15。

1.4.2.3 标识 / 标志

凡是符合日本《电气设备和材料安全法》的合格评定要求的电气产品，必须在产品上加贴下述 PSE 标志：对于指定产品(SP)使用菱形标志，对于非指定(NSP)产品使用圆形标志，见图 1-15。

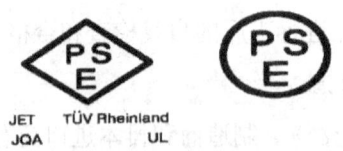

图1-15 PSE标志

1.4.2.4 申请 PSE 菱形标志认证程序

（1）概述

申请人向指定的认证机构提出申请，进行产品测试；测试合格后进行首次工厂审查，获得证书后，还要对工厂进行年度的监督审查。工厂审查的内容基本参照欧洲的 CIG021，CIG022，CIG024 系列文件。

根据《电气设备和材料安全法》规定，证书的有效期根据产品的类别而不同，一般分为：3 年，5 年和 7 年。

目前通产省认可的指定认证机构有：日本质量保证协会 JQA；日本电气安全环境研究所

JET；德国 TUV Rheinland Japan；美国 UL—Apex(日本)。以上认证机构均为 IECEE-CB 体系的成员。

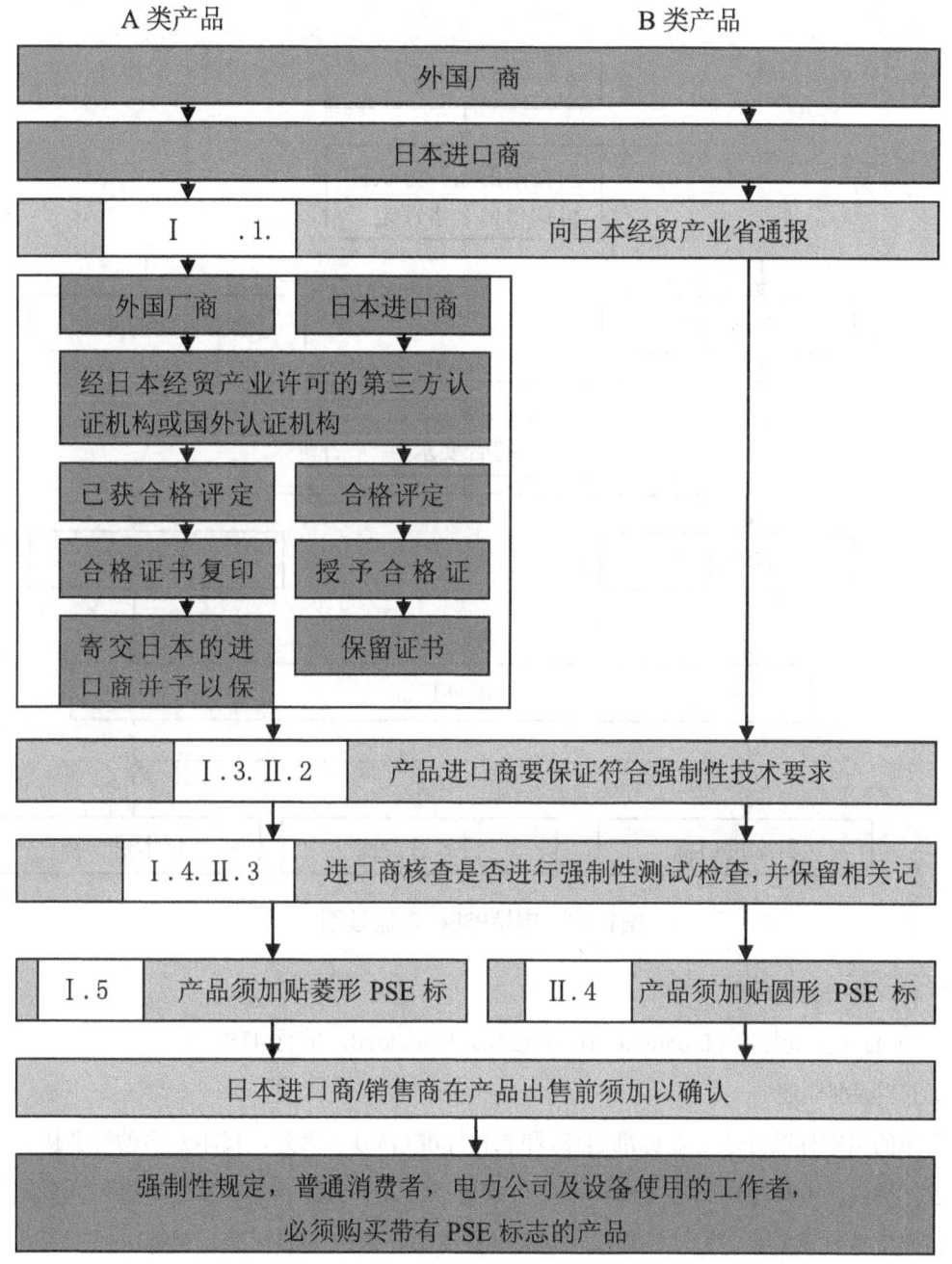

图1-16 日本《电气设备和材料安全法》规定内容及流程图

注意：Ⅰ.2 在外国厂商已获得合格证书的情况下，则认可所提供的证书复印件。

（2）　申请菱形 PSE 标志流程图（见图 1-17）

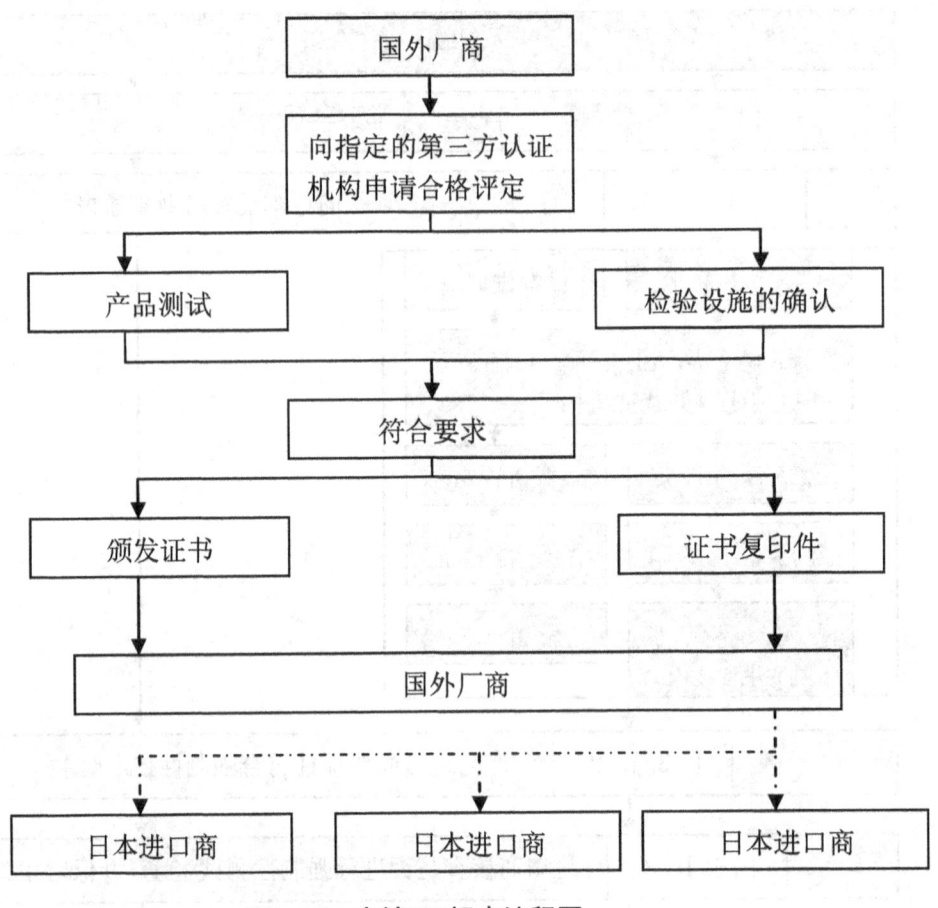

图1-17　申请PSE标志流程图

1.4.2.5　标准体系

（1）日本工业标准(Japanese Industrial Standard，简称 JIS)

①JIS 标准概述

日本的国家标准分成工业标准(JIS)和农林标准(JAS)。另外，日本众多的行业协会也制定行业标准。工业标准由日本工业标准委员会(JISC)主要依据《日本工业标准化法》制定标准。日本工业标准(JIS)是日本国家级标准中最重要、最权威的标准。根据《日本工业标准化法》的规定，JIS 标准对除药品、农药、化学肥料、蚕丝、食品以及其他农林产品，另制定有专门的标准或技术规格外，涉及各个工业领域，其内容包括：产品标准(产品形状、尺寸、质量、性能等)、方法标准(试验、分析、检查与测量方法和操作标准等)、基础标准(术语、符号、单位、优先数等)。专业涵盖：建筑、机械、电气、冶金、运输、化工、采矿、纺织、造纸、医疗设备、陶瓷及日用品、信息技术等。1990 年以来，JIS 标准总数一直保持在 8200 个左右，其中：产品标准约 4000 个，方法标准 1600 个，基础标准 2800 个。截至 1999 年 3 月底，共有现行 JIS 标准 8428 个。

日本的技术性标准一般相隔 5 年修订一次，如《日本工业标准化法》迄今为止已经修改了 9 次。日本国家标准的协调和发布机构是日本标准协会(JIA)。

②日本工业标准委员会(JISC)机构简介

日本工业标准委员会(Japan Industrial Standards Committee，JISC)是根据日本工业标准化法建立的全国性标准化管理机构，成立于 1946 年 2 月。1921 年 4 月，日本成立工业品规格统一调查会(JESC)，开始有组织、有计划地制定和发布日本国家标准。1929 年该会代表日本参加国家标准化协会国际联合会(ISA)。1946 年 2 月工业品规格统一调查会解散，并同时成立工业标准调查会。1949 年 7 月 1 日日本开始实施《工业标准化法》，根据该法设立日本工业标准调查会。1952 年 9 月日本工业标准调查会代表日本参加国际标准化组织(ISO)，1953 年参加国际电工委员会(IEC)。

日本工业标准委员会(JISC)负责日本工业技术标准的起草，修改，批准和发布。该组织职责除了起草和修改标准外，还为各有关省厅的大臣提供技术咨询和建议，推进标准化工作的开展和普及。

JISC 标准委员会由 1240 名以内的委员组成。委员由有关大臣从有经验的生产者、消费者、销售商和第三方的专家和政府职员中推荐，经通产省大臣任命，任期为 2 年。正、副会长由委员中遴选产生。另设 258 名专门委员，负责调查专门事项，根据会长提议，由通产省大臣任命。遇有必要调查审议特别事项时，设临时委员，该事项调查审议结束，临时委员即行退任。调查会由总会、标准会议、部会和专门委员会组成。标准会议是它的最高权力机构，负责管理调查会的全部业务，制定综合规划，审议重大问题，审查部会的设置与撤销，以及规定专门委员会的比例，协调部会之间的工作。标准会议按审议工作范围设立土木、建筑、钢铁、有色金属、能源等 29 个部会。各部会由会长指定的委员组成，负责审查专门委员会的设置与撤销，协调专门委员会之间的工作，对专门委员会通过的 JIS 标准草案进行终审。专门委员会是每项技术专题设置一个由生产、使用、销售等各方面的代表按比例选举产生，负责审查 JIS 标准的实质性内容。调查会共设有 2 000 多个专门委员会，有委员 2 万名左右。调查会隶属于通商产业省工业技术院。工业技术院标准部是调查会的办事机构，负责调查会的日常工作，实际上是具体制定日本工业标准化方针、计划和落实计划的管理机构。标准部下设标准、材料规格、纺织和化学规格、机械规格和电气规格 5 个课。

（2）日本电气安全标准

日本的供电系统是工业电压为 200V，家用电器用电压单相为 100，三相 200V 电源频率：关东地区为 50Hz，关西地区为 60Hz，为了与国际市场融合接轨，近来，日本的电器产品的安全标准和测试方法标准基本上都向 IEC 和 ISO 国际标准靠拢，尤其是家用电器、电子设备、照明电器、机械设备等的标准基本上都是等效或等同采用了 IEC/ISO 标准。国外的制造商的电气产品在进入日本市场时，既可直接选择日本工业 JIS 标准，也可采用 IECEE—CB 体系的 IEC 标准+日本国家标准差异的 CB 测试报告和证书来获得认可。

（3）电磁兼容(EMC)标准

日本的 EMC 标准体系自成一体，十分庞杂。2002 年以前，日本标准与 IEC 标准和 CISPR 出版物几乎没有对应关系，但 2002 年以后，CISPR 出版物全部转化为日本的 JIS 标准。用于 IT 设备 EMI 控制的 VCCI 标准由日本的民间团体日本电磁干扰控制委员会(VCCI)组织制定，在日本国内不强制实施。日本对进口信息技术类产品 EMI 性能的检验，直接采用 CISPR 22。目前，日本对音视频产品的电磁兼容性能无强制性要求。

1.4.3 认证制度

1.4.3.1 概述

日本通产省实行的认证制度属典型的产品质量认证制度。其主要法律文件是 1949 年发布的已经 6 次修订的《工业标准化法》。该文件规定了认证标志、收费、申诉、认证检验公告、工厂检查、加工技术认证、认证产品的进口、撤销认证、检验机构的审查认可、罚责以及外国厂商申请认证的规定等。为加快推进标准的实施，最近于 1997 年对《工业标准化法》的修订中引入了产品认证机构和实验室认可规定以及实施新的 JIS 标志的认证体系。

日本通产省实行的产品认证制度分为强制性和自愿性两类。

1.4.3.2 主管机构

日本是由政府部门管理质量认证工作，各部门(如通产省、农林水产省、运输省)分别对其管辖的某些产品实行质量认证制度，并使用各自设计和发布的认证标志。通产省管理的认证产品占了日本全国认证产品的 90%左右。通产省的工业技术院标准部主管工业制品和矿品的认证。1982 年后，通产省把企业质量保证能力的评定交给 9 个地方通产局负责。

1.4.3.3 强制性认证制度

强制性认证有以下 4 种：电气产品的安全认证；消费品安全产品认证(是指使用不当可能发生事故的产品，如压力锅、安全帽、婴儿床、登山绳、秋千、滑梯等)；液化石油器具产品安全认证(指用于液化石油的调压器、加热器、高压管道、阀门、开关、压力锅等)及煤气用具安全认证(产品有:用于煤气的热水器、炉子、压力锅、开关等)。凡生产属于强制性认证产品的企业,必须向通产省提交认证申请书。只有经产品抽样检验和工厂质量保证能力检查合格后,才能由通产省大臣签发认证证书,并允许在出厂产品上使用规定的认证标志,以及接受事后监督检验和监督检查。无认证标志的产品法律规定不得销售或进口。

1.4.3.4 自愿认证制度

（1） JIS 认证制度

日本除了严格实施强制性认证制度外,JIS 标志的自愿性认证制度也同时根据《工业标准化法》产生于 1949 年。通产省根据国民经济发展和消费需要,发布实行 JIS 标志认证的产品目录。未列入目录的产品暂不进行 JIS 认证。半个世纪以来 JIS 标志认证发展很快,现在已有 2 000 多个国内及国外企业获得 JIS 认证。2005 年 10 月 1 日日本工贸部根据新修改的标准化法开始实施新的 JIS 认证体系。

①JIS 标志认证范围

目前被指定实行 JIS 标志认证的产品有 18 个大类,主要是非电气类产品,包括:电子电气工程;市政及建筑工程;机械工程;化学;铁路工程;制陶业;冶金业;汽车工程;航空航天;纸浆与纸类;医疗设备及安全器具;采矿,焊接,包装等约 1200 多项。须由日本经贸部认可的认证机构实施 JIS 认证。现已有数万个企业已获准使用 JIS 标志。对于国外企业也进行认证和准予使用 JIS 标志。

②新旧 JIS 认证体系内容变化(见表 1-19)

表1-19　新旧JIS认证体系内容变化

	旧-JIS 认证体系	新 JIS 认证体系
谁来认证	政府 / 批准 / 指定机构	被日本经贸部认可的机构
谁来申请	制造 / 加工商	制造商,加工者,零售 / 批发商;进出口商
申请内容	指定产品	原则上可以全部产品,满足产品标准、质量要求、测试方法及相关项目
认证方式	评审工厂的管理体系	评审工厂的管理体系+依据 JIS 标准的测试
采用标准	按照部长规定的质量管理体系要求+JIS 产品标准	由被认可的认证机构按照认证规定+JIS 标准
认证后监督	由批准 / 指定的检查机构进行通报式的检查	认证维持的监督

③新 JIS 标志体系方案及认证流程

A. JIS 标志认证框图（见图 1-18）

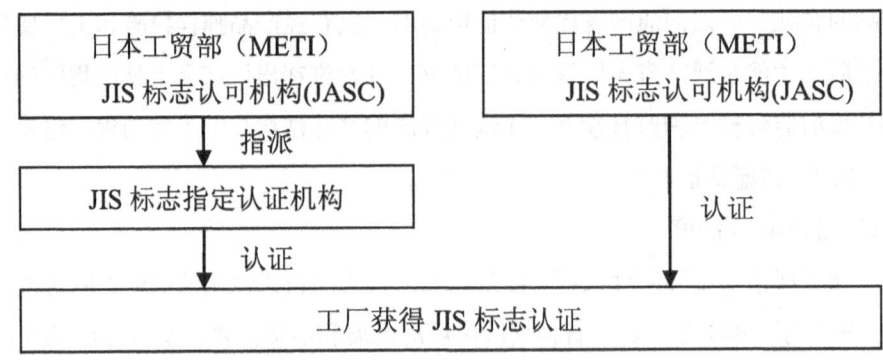

图1-18　JIS标志认证框图

B. 监督复查框图（见图 1-19）

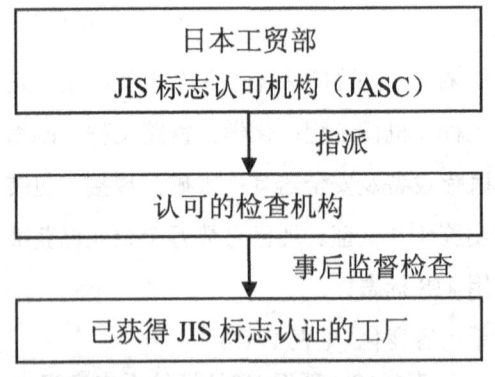

图1-19　监督复查框图

④新旧认证标志图样（见图 1-20）

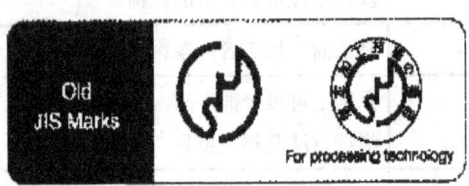

图1-20　新旧JIS标志

⑤新标志内容/含义

日本新 JIS 标志（日本工业标志）的 3 种标志图案，第一种用于凡是符合 JIS 标准的任何产品；第二种用于加工技术；第三种标志用于表明产品符合 JIS 标准如：性能，安全等方面的规定。

（2）日本自愿性电气产品安全认证——S标志

日本S标志是自愿性的电气产品安全标志,它基于协调日本标准差异性测试的IEC标准。S标志最初由日本两个半官方机构——日本质量保证协会(Japan Quality Assurance Association , JQA)和日本电气安全环境研究所(Japan Electrical Safety and Environmental Technology Laboratories)推出。目前由日本电工与电子产品及零部件安全认证指导委员会主管。日本电工与电子产品及零部件安全认证指导委员会成立于1984年,宗旨是提高日本电子电器产品的安全系统,其成员包括学术专家、厂商、进口商、零售商、消费者或各行业协会和认证机构。它包括超过50家的政府机构、制造商、进口商、零售商、认证机构和消费者组成。S标志规范同样适用于EMC要求。同时,获得了S-MARK必须执行首次工厂检查和年度工厂检查。虽然S—Mark是非强制性产品认证,但对于在现行日本安全法中只要求自我符合公告或不需要加贴认证标志的产品,越来越多的厂商开始青睐并采用S-Mark,以获得产品的市场竞争优势。消费者同样认为选择贴有S-Mark标签的产品更安全。S-MARK证书无有效期,依靠年度监督维持。

（3）电磁兼容VCCI认证

电磁兼容认证VCCI是日本的电磁兼容标准认证标志,电磁兼容认证是自愿性认证。由日本电磁干扰控制委员会(VCCI)管理,根据CISPR 22评估信息技术产品是否符合VCCI要求。VCCI认证是非强制性的,但是在日本销售的信息技术产品,一般会被要求进行VCCI认证。制造商首先应申请成为VCCI的成员,才可以使用VCCI标志。为了获得VCCI的认可,所提供的EMI测试报告必须由VCCI注册认可的测试机构签发。VCCI的会员面向全世界,而不仅限于日本。

①VCCI组织

1985年12月,由日本四个协会组织:日本电子工业发展协会(JEIDA),日本商用机械制造协会(JBMA),日本电子工业协会(EIAJ)和日本通信工业协会(CAIJ)共同建立了日本电磁干扰控制委员会(Voluntary Control Council for Interference by Information, VCCI)。该委员会邀请国内外一切对电磁干扰方面感兴趣的机构或制造商参加。截至2003年,已有1174个成员。其中日本成员占47%,国外620个公司成员占53%。

②VCCI认证标志（见图1-21）样式

图1-21 VCCI 认证标志

注意：

A. 日本境内产品区分为特定电气产品（Category A，A 类）及非特定 电气产品（category B，B 类），特定电气产品需强制申请 PSE Mark，非特定电气产品可自愿性申请 S—Mark。其他类别的产品可申请 JIS 标志认证。

B. 各类电气产品除了必须申请 PSE Mark 之外，还可以自愿性申请 S—Mark。

C. 对于持有 IECEE-CB 体系的 CB 测试证书和测试报告的 A 类和 B 类的产品，均可获得日本认证机构的认可。

D. 激光产品零件需申请 PSC Mark。

E. 中国厂商在向日本出口特定电气产品时，须由日本境内进口商进行办理。具体做法是，可向日本指定的认证机构如：JQA、JET 等提交申请书，包括产品结构图、形式分类表、检查设备表、关键零部件等；由日本认证机构按技术要求对产品进行技术评定/测试；及对工厂的设备进行检查，最后授予合格评定证书，即由 JQA/JET 或其他日本认证机构颁发的 PSE 证书。日本进口商的义务是：检查合格技术要求，制定并保存检查记录，加贴标志，保存合格评定证书副本。对于特定电气产品以外的电器产品，日本电气安全法规定要求也应符合相应的标准/技术要求，并可向日本指定认证机构申请 S（安全）标志。

F. 在中国生产的特定产品在取得 PSE Mark 之后，应将证书副本，交由日本进口商至日本经济产业省登录后，方能够在日本市场上合法销售。

G. 日本国家的电源系统为单相 110 V 和 200 V；三相电源为 200 V。电源频率为关西地区为 50 Hz，关东地区为 60 Hz。

H. 具体日本电源频率的分布情况，见图 1-22。

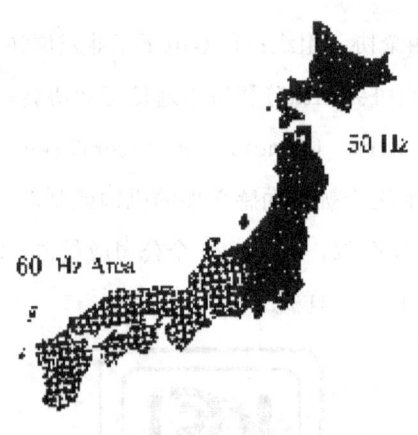

图1-22　日本电源频率分布图

1.4.3.5 认证机构

（1）日本质量保证协会 JQA

①机构概况

日本质量保证协会(Japan Quality Assurance Organization, JQA)原名为 JMI，成立于 1957 年 10 月，是一所经过日本政府——通商产业省认可的具有独立性、公正性的民间的检验认证机构。1993 年原 JMI 解散，成立了日本质量保证协会(JQA)。总部设在东京，除在东京设有关东事业所、南关东事业所外、还在名古屋设有中部事业所、在大阪设有关西事业所和北关西事业所，共有 5 个分支机构。

②组织和业务范围

JQA 在董事会下，设立主要的 4 大业务部门是：

A. 新技术领域:太阳能技术中心；

B. 环境领域:环境中心；

C. 产品检测领域:设立了 3 个中心（包括电磁兼容中心、计量和标准中心和安全测试中心），共拥有 7 个实验室。

D. 体系认证领域:ISO 管理体系中心(包括 ISO 9001 / ISO 14001 / QS-9000 / ISO / TS16949 / HACCP / OHSAS 18001 / AS 9100 / TL9000)。目前有 885 个员工，其中有一半以上获得了质量体系审核员的资格。

JQA 作为国家授权的认证机构,除了可从事强制性产品认证 PSE-Mark 和自愿认证 S-Mark 以外，还被政府授权根据日本工业标准化法颁发有关原材料结构测试与检查的 JIS-Mark 和根据日本医药事务法进行医疗设备的检测。

③加入国际组织情况

JQA 作为日本的国家认证机构 NCB 加入 IECEE，并可颁发家用电器、信息技术、电子娱乐设备、照明电器、安全变压器以及电磁兼容(EMC)的 CB 测试证书。对于属于 PSE 目录的产品 JQA 认可 IEC—EE—CB 体系成员国颁发的包含有日本国家差异的电线电缆、电容器、低压电器、电动工具、器具开关类的 CB 测试报告和证书。

④认证标志(见图 1-23、图 1-24 和图 1-25)

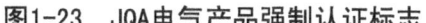

图1-23　JQA电气产品强制认证标志　　图1-24　JQA电气产品自愿认证标志

图1-25 JQA电磁兼容认证标志

（2）日本电气安全环境研究所（JET）

①机构概况

日本电气安全环境研究所（Japan Electrical safety and Environment Technology Laboratories，JET）成立于1963年2月，并一直作为日本通产省指定的检验机构从事政府指定的检测检验任务。1994年成为第三方电气产品认证机构，同JQA一样，被政府授权实施法律要求的强制性PSE认证和S标志产品安全认证。现在东京、横滨、千叶和名古屋设立了4个实验室。1999年加入IECEE—CB体系，可以颁发电线电缆、家用电器、照明设备、信息技术、电子娱乐、电动工具、安全变压器7大类的CB测试报告和证书。并认可包括日本国家差异的CB测试报告和证书。

②认证标志（见图1-26、图1-27和图1-28）

电气产品自愿认证标志

电气产品强制认证标志

图1-26 电气产品认证标志

图1-27 ISO-9000质量体系标志

图1-28 ISO-14000环境管理体系认证标志

1.4.4 国际互认情况

在日本有4个国家认证机构（如：JQA，JET）都加入了IECEE的国际认证组织，因此日本政府实施的PSE标志的准入制度是接受和认可由其他IECEE组织成员国出具的CB测试报告和证书的。

1.5 韩国市场机电产品安全环保合格评定程序和认证标志

1.5.1 市场准入要求

根据《电气产品安全控制法》的要求，供电电压在 50V～1000V 的电气产品要进行产品认证。进入韩国市场的产品应符合韩国安全要求。

2004 年 1 月 1 日以前，韩国对产品只有电磁干扰(EMI)强制要求，而 2004 年 1 月 1 日以后，韩国开始对音视频设备和 IT 设备实施抗干扰(EMS)的强制检测。

属于强制安全认证的电气产品只有获得由韩国技术标准局(KATS)局长指定的安全认证机构颁发的安全认证才可以在韩国生产、进口和销售或在国外生产出口到韩国。

1.5.1.1 适用范围

依据《电气产品安全控制法》第 2 款和与其对应的《实施规则》第 3 款规定的强制安全认证的电气产品范围指电压在 50 V～1 000 V AC 之间的电气产品，主要产品类别有以下 9 大类的 216 种产品，见表 1-20。

表1-20 大类的216种产品

电线电缆	10 种产品，如橡胶绝缘线和 PVC 绝缘线
电气零部件	13 种产品，如开关、电容、熔断体
安装附件和连接装置	20 种产品，如插座、插头和断路器
安全隔离变压器和类似设备	3 种产品，如电压升降调节器
家用和类似用途设备	104 种产品，如空调和吸尘器
便携式电动工具	17 种产品，如电钻、电锯
IT 和办公设备	34 种产品，如电视机和打印机
灯具	15 种产品，如照明设备和白炽灯
医疗电器设备	实施 KFDA 认证

对于其中 9 类产品：家用电器，电动工具，信息办公设备，照明电器等产品还需满足电磁兼容(EMC)的要求。

关于免于强制安全认证的情况包括：产品只为出口，不在韩国销售；根据《韩国工业标准化法》与韩国工业标准对应的产品；用于进口的电气产品维修用的零部件；由学校、研究院或研究机构用于研发的产品；用于广播站研发的产品或用在《无线电波法》和《有线广播法》中提到的设施中的产品；根据由国家统计办公室委员会(依据《研究和开发统计法》17款)公布的标准工业分类开展生产业务的个人所使用的产品；商业展示，而不用来销售的产品；由工商能源部部长公告的不需认证的产品(见工商能源部公告 2000-117 号,2000 年 1 月)。

1.5.1.2 批准程序

（1）申请程序流程图（见图 1-29）

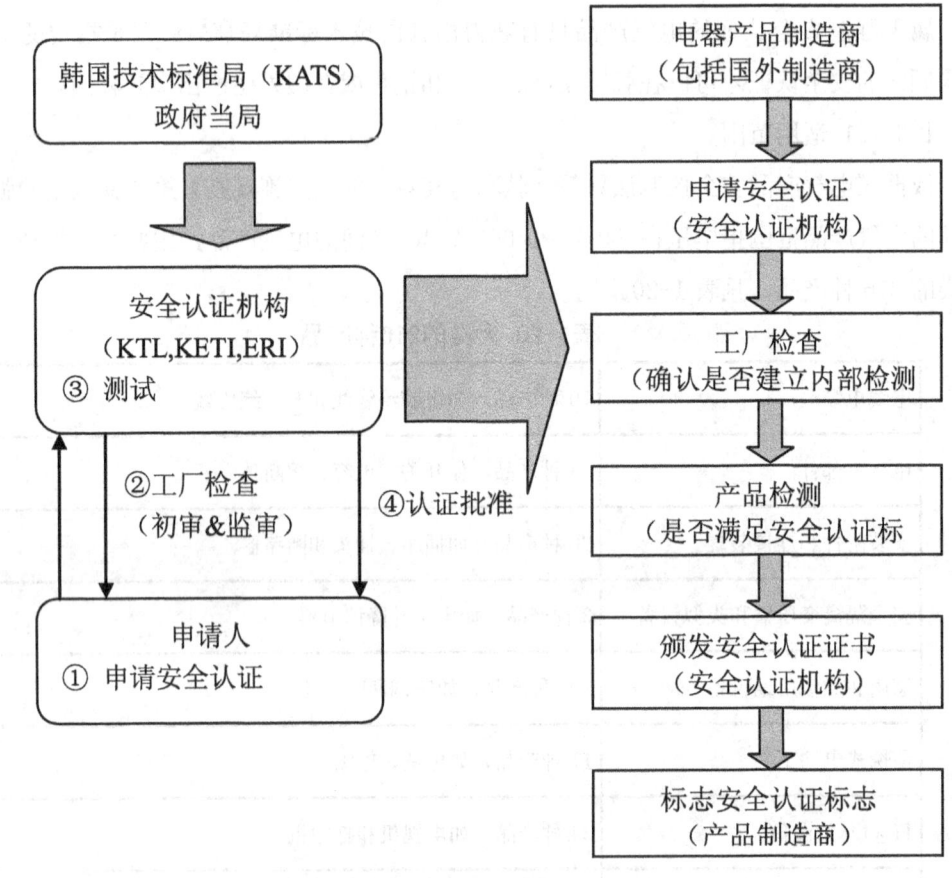

图1-29 申请程序流程

（2）监督管理体系（见图1-30）

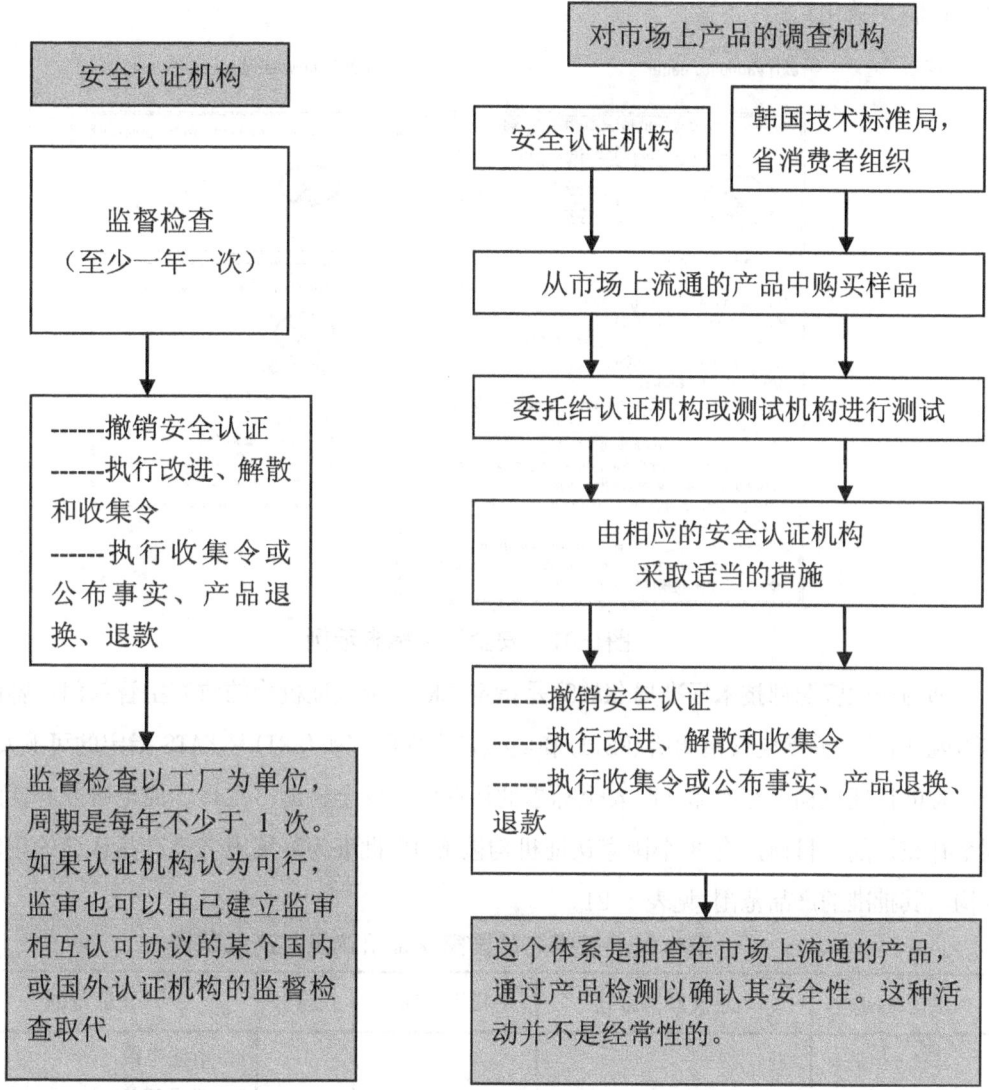

图1-30 监督管理体系

1.5.1.3 标识/标志

（1）产品安全认证标志

韩国的市场准入标志又称为 E-K MARK，典型示例见图 1-31。

标志下方必须附有认证机构名称以及认证编号等信息；加帖在产品显著位置；尺寸按照比例缩小扩大；颜色为正常黑色。

铭牌应使用韩文或者英文，并有以下内容：认证标志、认证号码、产品名称、产品型号、额定输入、双重绝缘标识、额定工作周期(如果制造方规定的话)，生产日期(如果能区别出

年、月，生产批号也可以接受)，制造商名称(国外地址和电话也允许)，服务商地址，电话，
EMC 标志(可选用)。

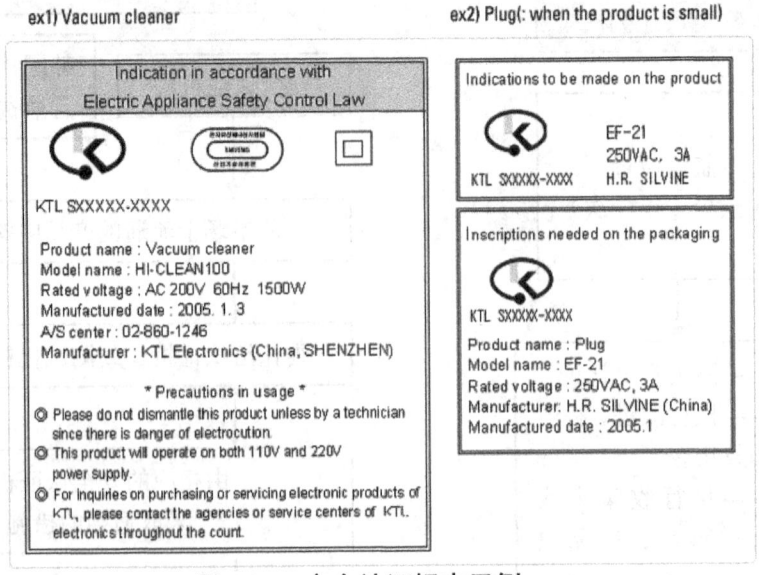

图1-31　安全认证标志示例

　　韩国产业资源部技术标准局(KATS)是指定 EK 安全认证机构的政府主管部门。韩国测试
实验院(KTL)、韩国电气检测所(KETI)和电磁兼容性研究所(ERI)是 KATS 指定的可颁发 EK 安
全标志的认证机构。在产品 EK 安全标志的认证中，安全检测占主体，而电磁兼容性的检测
则是补充性的。目前，有 3 个国家认证机构被 KATS 批准为开展电气类产品认证的指定认证
机构，其批准的产品范围，见表 1-21。

表1-21　被指定的国家认证机构及其产品范围

认证机构	地址及联系方式	指定日期	指定号	认证范围
韩国电气检测所 (KETI)	451—865 京畿道 城南市 盆唐区 野塔洞 68 号 Tel: +82-31-7897-000 Fax: +82-31-7897-151 www.keti.re.kr	2000 年 7 月 6 日	No. H	1. 电线电缆 2. 器具开关 3. 电器零部件和电容器 4. 安装附件和连接装置 5. 安装保护设备 6. 隔离变压器和类似设备 7. 家用和类似用途设备 8. 电动工具 9. 音视频设备 10. IT 和办公设备 11. 灯具

韩国测试实验院 (KTL)	222-13 Gurpo3-dong Guro-gu, Seoul(152—718) Korea Tel：+82-2-8620-309 /362 Fax：+82-2-8601-285 www.kt1.re.kr	2000年7月6日	No. S	同上
韩国电磁兼容性 研究所 (ERI)	京畿道．龙仁市．处仁区．阳智面．雾日里66-6 Tel：+82-31-6799-600 Fax：+82-31-3362-427 www.eir.re.kr	2000年8月	No. J	1. 电线电缆 2. 器具开关 3. 安装附件和连接装置 4. 安装保护设备 5. 隔离变压器和类似设备 6. 家用和类似用途设备 7. 电动工具 8. 音视频设备 9. IT和办公设备 10. 灯具

1.5.1.4 标准体系

韩国在《电气产品安全控制法》中规定在生产和销售的电气产品应满足电气安全标准要求。电气安全标准由韩国技术标准局(KATS)局长批准。为了满足 WTO/TBT 规定和便于国家间相互认可协议的建立，根据新生效的基本国际分类项目转换时间，电气安全标准依据产品大类从 2001 年到 2004 年分 3 个步骤采用了 IEC 国际标准：

2001 年 7 月：家用和类似用途设备(K60335)，IT 和办公设备(K60065，K60950)；

2003 年 7 月：开关(K60320，K61058 等)；

2004 年 7 月：电线电缆(K60227 等)，熔断器(K6027 等)，灯具(K60598 等)便携式电动工具(K60745 等)。

因此，现在的韩国电气安全标准要求是基于 IEC 标准的，与 IEC 标准具有较少的差异。

韩国的电气产品电磁兼容的 EMI 要求等同于 CISPR 标准，EMS 要求等同于 EN 标准。执行的 EMC 标准等效于 CISPR 和 IEC61000-4 系列国际标准。

1.5.2 认证制度

1.5.2.1 严品安全认证

韩国的强制性产品认证制度始于 1974 年，称之为"型式批准体系"(Type approval

system)。这一体系是由政府根据认证申请书及其授权的实验室所出具的检测报告对产品签发型式批准证书、并对市场实施监督的认证体系。1997年，韩国政府颁布的《电气产品安全控制法》，规定由被授权的认证机构实施。2000 年 7 月 1 日由以型式(TYPE)改变为以型号(MODEL)作为认证基础，即除了型式实验通过后，还需进行工厂的质量体系的审查和年度监督。

韩国的 EK 认证把安全和电磁兼容结合在一起，即产品同时满足安全和电磁兼容的要求，才能通过 EK 认证。

韩国的安全认证体系采用 EK 安全标志。对于强制性认证以外的电气产品，可以申请自愿性产品认证。

1.5.2.2 认证批准程序

认证批准程序见图 1-32。

图 1-32   认证批准程序

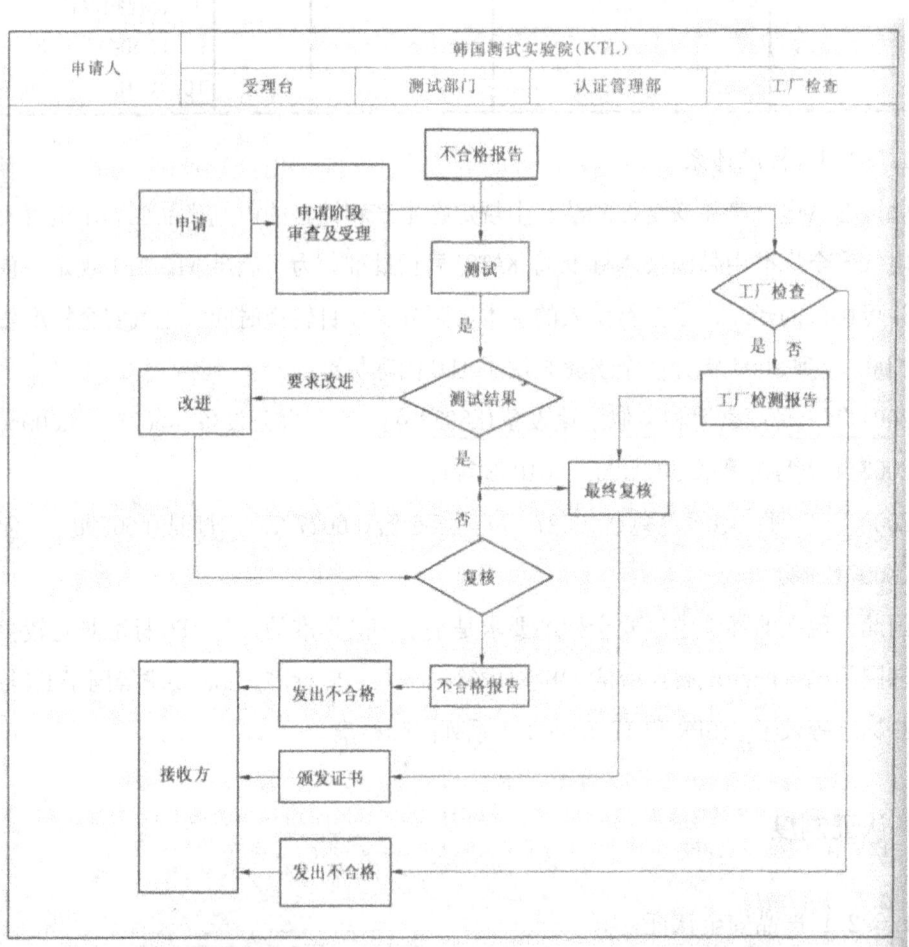

1.5.2.3 EMC 电磁兼容认证／批准程序

（1）概况

在韩国，涉及 EMC 方面的法律有 3 个，它们分别是：《电气产品安全控制法》、《无线电波法》、《医药事务法》。并且分别由 3 个相关政府部门负责执行。详见表 1-22。

（2）EMC 认证／批准的技术要求（见表 1-23）

（3）申请 EMC 认证程序（见图 1-33）

（4）申请所需文件

产品描述；用户手册；制造图表；产品照片；线路图(EMC 注册不需要)；安全关键零部件清单；RF 装置工作详述(仅为官方型式批准/型式注册)；变压器规格；产品铭牌(草图)：2个；有关派生/系列型号描述；由指定的试验室/RRL 出具的测试报告；与当地代理人的售后服务协议(仅限于国外申请人)。

表1-22 EMC相关法律和政府部门

	MOCIE	MIC	HOHW
相关政府部门	商业及能源部	信息及通信部	健康及福利部
	KTL	RRL	KFDA
认证机构	及其他韩国指定机构	无线电研究试验室	韩国食品及药品管理局
相关法律	《电气产品安全控制法》	《无线电波法》	《医疗事务法》
适用产品	电气产品	计算机及外设终端设备	医疗电器产品
批准程序	安全认证(包括EMC)	EMC批准注册	制造商及进口商许可
EMC技术标准	--EMI方面等效CISPR	--EMI方面等效CISPR22	--EMI方面等效CISPR11
	--EMS方面等效	--EMS方面等效	--EMS方面等效
	IEC61000-6	IEC61000-6	IEC61000-6
检测试验室	KTL及其他	KTL及其他	KTL
EMS测试起始时间	2002年1月1日起	2000年1月1日起	2000年1月1日起
	(TV/AV产品)		
批准标志			

注：有关MOCIE与MIC两个部门相交叉的产品，两部都接受另一方对产品EMC的批准结果。

表1-23 EMC认证/批准技术要求

产品类别	产品名称	EMC 测试标准	
		EMI	EMS
1. 开关	光电开关	CE，IP(CISPR14)	ESD, RS, EFT, SG, CS, PMF, VV(IEC 61000-6-1/2)
2. AC 电器及电容器	三相鼠笼电机	CE, IP(CISPR14)	
	便携式发电机	RE(CISPR14)	ESD, RS, EFT, SG, CS, PMF, VV(IEC 61000-6-1/2)
	电弧焊机	CE, RE / IP (CISPR11 / 14)	ESD, RS, EFT, SG, CS, PMF, VV(IEC 61000-6-1)
3. 附件及连接装置		CE，IP(CISPR14)	ESD, RS, EFT, SG, CS, PMF, VV(IEC 61000-6-1/2)
4. 隔离变压器	电压调节器 家用变压器	CE．IP(CISPR14)	ESD, RS, EFT, SG, CS。VV (IEC 61000-6-1/2)
5. 家用及类似设备		CE, 1P(CISPR14)	ESD, RS, EFT, SG, CS, VV (CISPR 14—2)
6. 电动工具		CE, IP(CISPR14)	ESD, RS, EFT, SG, CS, VV (CISPR 14—2)
7. 声像设备	TV, VCR, 天线放大器等	CE, RE/IP, AT, RT(CISPR14)	ESD, RS, EFT, SG, CS, VV, S2A。S2B。S3 (IEC 61000-6-1, CISPR 20)
8. 信息及办公设备	监视器，打印机，复印机，交流适配器，UPS	CE, RE / IP(CISPR22 / 14)	ESD, RS, EFT, SG, CS, VV(IEC 61000-6-1)
9、照明设备	照明装置，荧光灯镇流器	CE / II，RE / IP / MC, (CISPR15 / 22)	ESD, RS, EFT, SG, CS, VV(IEC 61000-6-1/2)

注：CE：传导发射；EFT：电快速瞬变；RE：辐射发射；
　　SG：浪涌；IP：干扰电源；CS：传导敏感度；
　　AT：天线端干扰；PMF：电源频率磁场；RT：射频输出端干扰；
　　VV：电压变化(跌落、中断、波动)；IL：插入损耗；
　　SI：输入抗扰度；MC：照明设备周围的磁性元件；
　　S2A：感应电压；ESD：静电放电；
　　S2B：共模射频电压；
　　RS：辐射敏感度；s3：辐射场

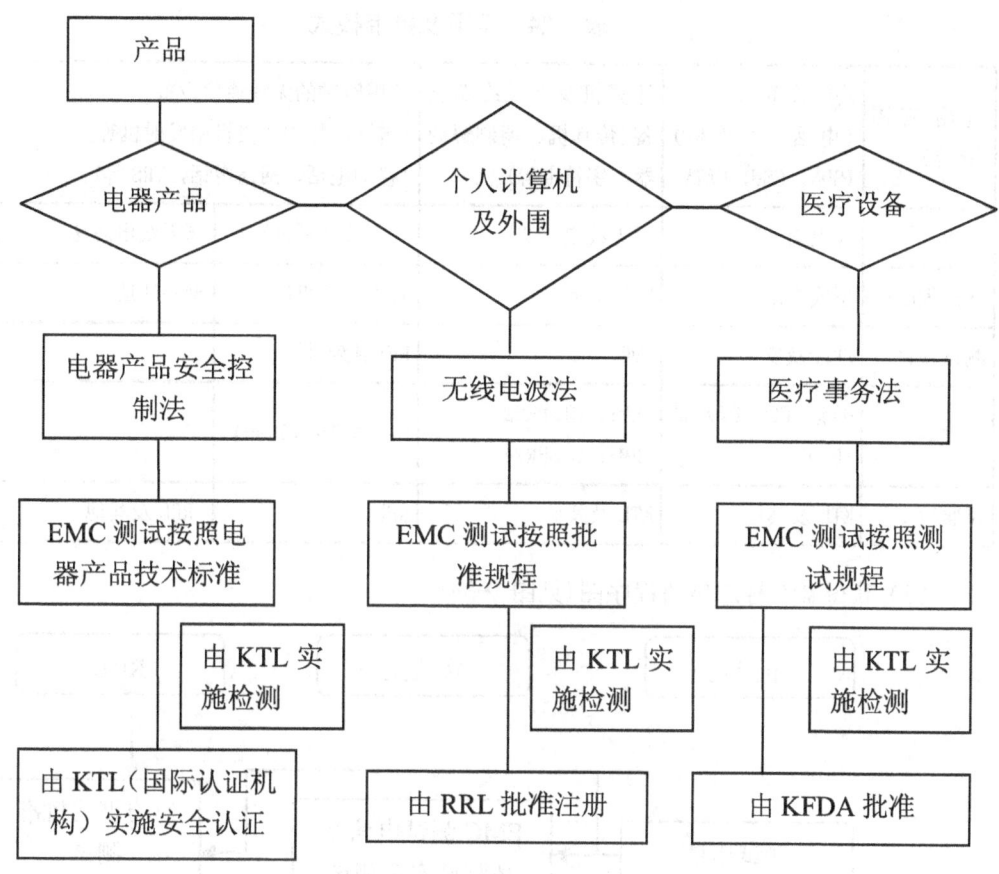

图1-33 申请EMC认证程序

（5）工厂审查要求

在颁发认证证书前，进行工厂审查是强制性认证过程的一部分，对于每个制造厂地及每个产品类别进行审查，审查程序按照 CENELEC CCA-201。工厂审查分为：

A. 初次工厂审查：审查工作文件按照 MC-6；制造商须提交文件（问题调查表和制造厂信息情况表）。

B. 监督复查：每年至少一次；审查工作文件：MC-7；检查安全认证所使用的关键零部件的一致性情况；自检记录的保持情况。

1.5.2.4 韩国电信产品/设备认证

韩国电信的产品认证由韩国信息通信部(MIC)负责实施，被授权的认证机构为：无线电研究试验室-RRL(MIC 的下属机构)，其认证标志为：MIC MARK。

（1）认证的范围及批准模式

韩国电信产品/设备认证的范围及批准模式见表 1-24。

表1-24 范围及批准模式

适用范围 (产品)	终端设备 (电话，交换机) ISDN, CSU, CATV	计算机及外设终端设备(传真机、调制解调器、字符卡等)	使用射频的无线通信设备 (雷达，船用/飞机用发射机等) (移动电话、网络电话，TRS等)	
法律	《电信法》	《无线电波法》	《无线电波法》	《无线电波法》
认证程序	型式批准	EMC注册	官方型式批准	型式注册
测试项目	性能及安全	EMC	RF(射频)性能	
标准	类似FCC第八章 IEC950	EMI: CISPR22 EMS: CISPR24	EIS通告：1999-46	
试验室	KTL及其他	KTL及其他	RRL	RRL及其他

（2）获得MIC标志申请程序图（见图1-34）

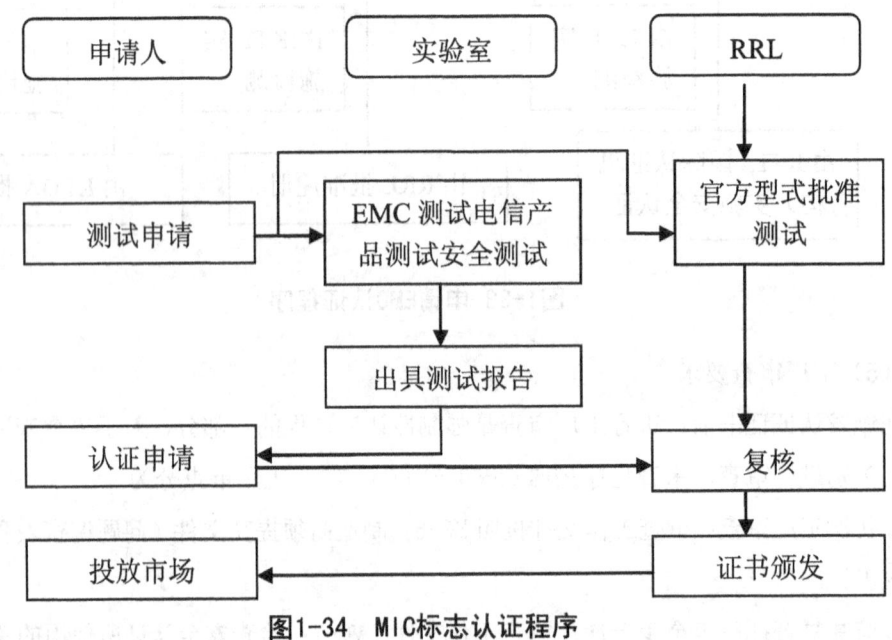

图1-34 MIC标志认证程序

注：①韩国的电源一般为：交流110/220 v或380 V，60 Hz；产品的插头、插座应满足KSC 8305 标准或 IEC 60083 中，A1-15，Q5-15，C2b，C1b，C6 中的任一粔准要求；②家用电器产品可接受宽电压范围型产品，但必须标识出如："100-240 V"；多重电压型也可接受，但必须标识出如："100/110/220/230 V"；③另外还要求 EMC 电磁兼容方面的标准测试；需要发证前的工厂审查和年度监督复查(按照欧盟 CENELEC M6，M7 要求)；④中国质量认证中心 CQC 在韩国设立有分支机构，中国企业也可以通过 CQC 办理相关认证事宜。

1.5.2.5 韩国认证机构

（1）韩国测试买验院（KTL）

韩国测试实验院（Korea Testing Laboratory，KTL）成立于 1966 年，是由原韩国铸造精密仪器所与机械材料研究所于 1989 年合并组成的，1989 年重新命名为韩国工业技术检测所，1999 年更名为韩国测试实验院。KTL 是与我国同时于 1990 年加入 IECEE-CB 体系的国家认证机构（NCB），并有 3 个 CB 实验室。目前在 IECEE/CB 体系颁发 CB 测试证书的产品范围已从 2004 年的 13 类 103 个标准扩大到 2005 年 14 类 139 个标准。它们分别是：家用电器、照明设备、医疗电器、仪表测量设备、安装附件、电动工具、信息技术，电子娱乐设备，交流电容器、低压电器，器具开关以及电磁兼容（EMC）领域。

KTL 设有 5 个中心和 1 个产品检测部：认证与评审中心，负责管理体系认证及产品认证的工厂审查；电工技术检测部：负责强制性产品安全认证 EK MARK、EMC、CB 体系、IT 和通信类产品的测试及可靠性评估。另外的 3 个中心为机械材料中心、环境技术中心、医疗电器设备中心和检定计量中心。

KTL 可在国内颁发的强制性产品认证标志有：EK MARK；无线电通信设备 MIC Mark 和医药事务法 EMC—M Mark。中国出口韩国的企业可以充分利用 CQC 颁发的 CB 测试证书来获得韩国的产品认证 EK MARK。具体申请程序为：申请书（可从 KTL 网站下载：www.ktl.re.kr）；CB 测试证书及 CB 测试报告；产品说明书或安装手册；1 个产品样品。

KTL 认可附有其国家差异的测试报告，并优先处理持有 CB 证书的申请。

联系方式：

电话：+82 2 860 1450

传真：+82 2 860 1405

电子邮件：ybjung@ktl.re.kr

网址：www.ktl.re.kr

（2）韩国电气检测所

韩国电气检测所（Korea Electric Testing Institute，KETI）成立于 1970 年。被韩国政府指定作为出口产品的检验机构，1978 年作为制定的进行强制性型式认可的测试机构。1996 年作为国家指定的医疗电器设备的检测实验室。1998 年批准成为信息和通信设备检测机构；2003 年加入了 IECEE-CB 体系，成为韩国另一个 NCB，有 3 个 CB 实验室。可就家用电器类，照明设备类，信息技术产品，电子娱乐设备和电磁兼容（EMC）颁发 CB 测试报告和证书。

KETI 设有 11 个业务部门：医疗设备标准部、医疗设备质量评审部、医疗设备产品部、质量保证部、认证管理部、委托测试部、照明设备部、电子和信息产品、电器产品部、电磁兼容(EMC)部和可靠性评估部。KETI 可颁发的认证标志，除承担国家强制性 EK 认证标志外，还可以颁发以下认证标志：

中小企业卓越品质产品的 GQ 标志，见图 1-35。

图1-35　GQ标志

该标志是专为那些中小企业的高质量的产品而颁发的，该标志不但有利于产品的宣传和提高其在市场的知名度，而且为政府在优先选购方面提供了技术支持。

电器产品质量保证标志，该标志是针对电器产品、环境设施、汽车部件和医疗电器产品发放的质量保证标志。每 3 个月需要进行一次工厂检查来维持该标志。见图 1-36。

图1-36　电气产品质量保证标志

1.5.3　国际互认情况

韩国目前有两个国家认证机构韩国测试实验院(KTL)和韩国电气检测所(KETI)作为国际电工委员会电工产品安全认证组织 IECEE 的国家认证机构成员，接受来自成员国颁发的 CB 测试证书和 CB 测试报告，只要该报告中包括了韩国的国家差异则予以认可。

联系方式：

电话：+82 31 4287 562

传真：+82 31 455 7150

电子邮件：youkdi@keeti.re.kr

网址：www.keeti.re.kr

参考网站：www.ktl.re.kr；www.keeti.re.kr；www.mocie.go.kr；www.mic.gov.kr

2 机电产品环保合格评定程序和认证标志

2.1 欧盟

2.1.1 欧盟—能效标识

2.1.1.1 欧盟能效标识的实施模式

欧盟是依靠制造商自我声明模式(即欧盟指令中的 A 模式)成功实施能效标识的典范。制造商在认可的测试实验室测试他们自己的产品,并在标识上标注其测试结果,偶尔也使用第三方的测试机构进行测试。1997 年 10 月,欧盟又启动了制造商之间的自我监督机制,这大大补充了欧盟的自我声明模式。该机制由欧洲家用设备制造商协会资助,允许任何签约的制造商或供应商对其他供应商所粘贴的能效标识的准确性提出质疑。

欧盟能效标识的加贴流程与一般 CE 标识加贴流程基本一致,流程图见图 2-1。

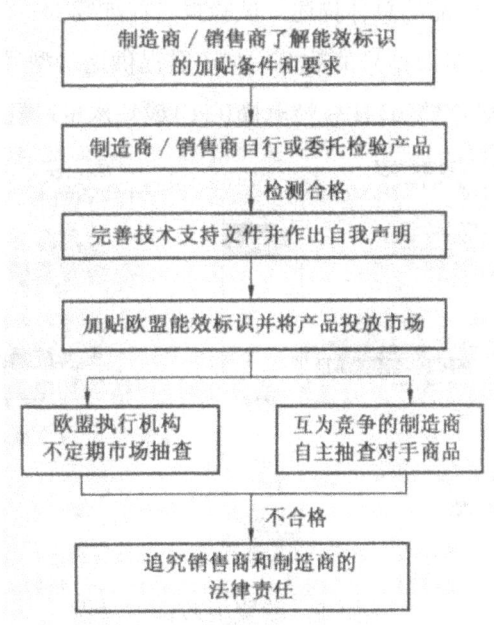

图2-1 欧盟能效标识加贴流程

(1)制造商可以通过一些技术机构或者欧盟官方网站了解加贴欧盟能效标识的必要条件,不同产品的协调标准一般都需要向技术机构购买。

（2）在了解了产品的所属门类及协调标准的要求之后，制造商应自行或者委托第三方检测机构按照协调标准的要求对产品的能效性能予以测量。完成所有测试且结果满足欧盟指令的要求之后，完善所有的技术支持文件并作出自我声明。

（3）技术支持文件一般应包括如下内容：

根据相关产品实施指令要求完成的能效检测报告；公司营业执照及其他合法性证明文件；申报产品的彩色照片，描述外观及内部能效相关线路和结构；产品技术资料，如电路图，结构图，用户说明书，维修说明书等。

（4）作出了自我声明的制造商和销售商就可以在其生产和销售的产品上加贴欧盟能效标识。

（5）对于加贴了能效标识的产品，欧盟相关的执行机构会安排不定期的市场抽查，同时欧盟当局也鼓励厂商自主抽查竞争对手销售的商品，不能持续满足能效标识规范的产品销售商和生产厂都会被追究法律责任。

2.1.1.2　能效标识

指令对欧盟采用的能源效率标识是一种比较标识，主要内容包括消耗能源量（电或其他）或其他资源信息的能效标识、消耗能源（电或其他）或其他资源信息的标识。供应商所提供的必要的技术文件（包括：产品的总体描述；试验报告；如需要；还要提供产品设计的计算结果，如果这些数据来源于类似型号的数据，则还需提供这些型号的相同信息等）等组成。比较的主要内容包括能源效率等级、比较耗电量（CEC）或耗水量以及其他相关的信息，见图2-2。

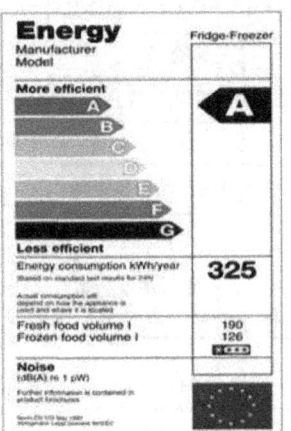
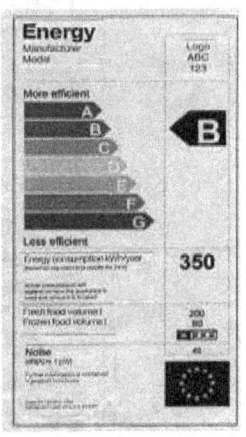

图2-2　欧盟能效标识举例

欧盟能效标识采用类似的格式，用Ａ、Ｂ、Ｃ、Ｄ、Ｅ、Ｆ、Ｇ共7级表不，按能源效率水平的高低分为Ａ～Ｇ共7个等级，由Ｇ—Ａ表示等级越高，效率越高，运行成本越低，Ａ级能源效率最高，Ｇ级能源效率最低。7个等级分别以条形从上到下排列。欧盟拟以中的新能效标识见图2-3：

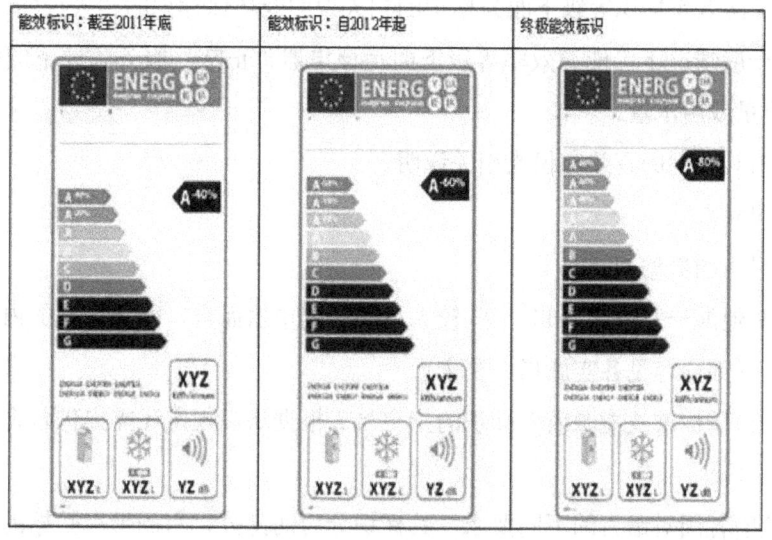

图2-3　欧盟拟以中的能效标识图

A位于最上端，也最短；G排在最下面，最长；这种排列方式表示A级能耗量少，G级耗能量多。A级为短而绿，说明它的能耗最低；G级为长而红，说明它的能耗最高；B～F级的颜色介于两者之间。颜色的另一层含义是：G级产品是比较危险(深红色)，A级产品属于环保型产品(深绿色)。等级标识右边为该器具根据指令所要求的标准检测确定的能源等级(就每个具体产品而言，在等级标识的右边用一个大的黑箭头指向该产品的等级水平)。

为解决欧盟11种语言的问题，标识可以分为两部分，带颜色背景部分为通用部分，使用销售地的语言。右侧的黑白条包含特定规格的技术和定额信息，产品出厂时，先贴上右侧的部分。零售商可以根据需要的语种贴上相应的左侧部分。

为便于识别，能效标识一般要求张贴在电器正面。标识的材料应耐久，形状和尺寸，各种产品的规定不同，按照指令的规定制作。标识中除了指示电器效率以外，大型家电产品还指示产品的性能信息。主要内容包括：

（1）产品制造商的名称或商标；

（2）产品型号及名称；

（3）能源效率等级，颜色使用规定为 CMYK4 色：C-青色；M-红色；Y-黄色；K-黑色，例如，07X0 表示为：0%青色、70%红色、100%黄色、0%黑色。

各能源效率等级的颜色分别表示为：A-70X0；B-30X0；C-00X0；D-03X0；　E-07X0；F-0XX0；G-X070。

轮廓的颜色使用：能源效率标识等级的箭头指示的背景颜色用黑色；所有的文字用黑色；

背景颜色用白色。

（4）能源效率标识等级下面为标识的相关说明及环保标识的相关说明。

（5）一般情况下，能源效率等级下面是该电器"正常"服务条件下的每年（或每小时）评估的耗电量或用水量。

（6）器具使用的有效容积或相关说明。

（7）尺寸。

（8）噪声的数据。

（9）其他的一些说明（如对一些较大型的家用电器而言，能效标识的内容还包括产品的运行指标，详细内容见各实施指令要求）。

相关的协调标准及能源效率标识的指令号。根据法规规定还需提供包含相关能源效率信息的卡片。

由于欧盟各国对语言的不同要求，其标识分为两部分，右侧带有数据的部分为非专用语言部分，往往在生产加工地点填写，并被附在产品上或同产品一起提供；而左侧带有解释性文本的部分为专用语言部分，一般在产品的销售地加施在产品上或与产品一起提供，欧盟的能效标识共使用了9种语言。

2.1.1.3 能源效率标识要求

标识开始日期1994年（并逐步改进）：冷藏箱、冷冻箱、洗衣机、干衣机、洗一干衣机、洗碗机和灯具，其他产品如果能够被鉴定有明显节能潜力，也将列入标识之中。详情查询请登录参考网址：http://www.wtosz.org/energylabel

2.1.2 欧盟—生态标识

2.1.2.1 概述

欧盟生态标识（Eco—Label，也常被称为欧盟之花）体系是由欧盟委员会于 1992 年建立的，目前已经有 15 个成员国。该体系涉及纺织品服装、复印纸、冰箱、洗碗机，个人台式电脑、手提电脑、电视机、洗衣机、灯泡、油漆、鞋类等23类产品。

该体系建立的主要目的是把各类产品中在生态保护领域的佼佼者挑选出来，给予肯定和鼓励，从而逐渐推动欧盟各类产品的生产厂家进一步提高自己的生态保护意识，使其主产过程和最终产品都能符合一定的生态标准。该标识呈一朵小花的图样，因此也有人将通过该"生态标识"的产品称为贴花产品。

目前，申请加贴该标识纯属生产厂家的自愿行为，有的厂家希望借此提高公众的环保意识从而培育自己的市场，有的希望借此体现自己产品的优越性，还有的是为了增加自己产品的知名度。经过十多年的发展，"生态标识，，正逐渐被欧盟消费者所认可，社会对加贴"生态标识"商品的购买倾向不断提高。由于该标识在纺织品服装领域发展得比较早，并且欧盟通过生态服装展等活动在该领域的宣传工作也做得比较到位，因此目前"生态标识，，在纺织服装领域的发展也最好。据统计，目前获得该标识的各类欧盟企业一共只有250家。获得此"生态标识"的欧盟企业数量较少的原因是该标识的标准要求非常严格。

欧盟有些成员国也在使用不同于欧盟统一规定的，本国的生态标识，如德国使用蓝天使标识，北欧诸国使用天鹅标识。2000年，欧盟在1980/2000/EC指令中规定，各成员国可以制定本国生态标识体系，但产品的选择标准、生态标准应与欧盟生态标识体系保持一致。欧盟的生态标识在这些国家内同样适用。

2.1.2.2 法律和社会依据

欧盟于1992年3月23日通过了第880/92/EEC指令，该指令明确了要在欧盟范围内推行一种生态奖励体系，作为一种奖励的标识，推出了"欧盟之花"的图样并一直沿用至今，同时也规定了相关的程序和标准要求。2000年7月17日欧盟又通过了1980/2000/EC指令，同年9月24日该新修订的指令进入强制执行阶段。新指令对"欧盟之花"的诞生指令880/92/EEC做了进一步的修改补充，特别是允许欧盟之外的制造商申请生态标识，以及允许制造商和零售商可以为自己品牌的商品申请生态标识，对"欧盟之花"发展起到了非常积极的推动作用，使得申请企业的数量产生了明显的提升。此外，新修订主要还包括以下方面：

（1）拓宽了标识体系覆盖的范围，并把服务与产品都作为申请标识的对象；

（2）增加了制定环境政策标准的参与者范围；

（3）建立了欧盟生态标识董事会(简称EUEB)，其主要功能是开发生态标识标准，由参与生态标识活动的第三方认可机构和其他利益团体的代表共同组成；

（4）明确了对中小企业和发展中国家企业减免费用的政策；

（5）对使用生态标识的年金明确了最高限额；

（6）强调了各成员国实施生态标识的沟通与合作；

（7）在标识上增加了更多的信息。

2.1.2.3 标识介绍

欧盟之花的主题图案见图2-4，其颜色可以是"蓝星绿叶"，亦可为黑色图案。在该图案的正下方是生态标识持有人的注册号码，在该图案的右边应该以文字的形式说明该认可的产品或服务对环境影响方面的积极作用，最少要说明1项，但亦不能超过3项。

图2-4 欧盟之花的主题案

2.1.2.4 生态标识标准的制定程序

欧盟委员会向 EUEB 下达制定某一产品类别标准的任务后，EUEB 将召集相关产品零售商、生产商、消费者代表及各成员国生态标识管理机构组成一个工作组，该工作组在考虑以下研究结果的基础上制定出标准草案：该产品的市场报告及该标准的可行性报告；对该产品生命周期内的各因素的考虑；实施标识对改善环保的意义及效果。

之后，工作组将草案标准提交给 EUEB 进行讨论，讨论后的草案标准提交欧盟委员会，欧盟委员会对草案审议后，判定草案是否予以通过。最终标准提交由各国专家组成的常委会审议通过，通过后的标准在欧盟 L 系列官方出版物上以欧盟委员会决议形式予以公开。一般而言，一项生态标识标准的制定需要几个月的时间，其有效期一般为 3～5 年。

2.1.2.5 生态标识覆盖的产品范围(见表 2-1)

表2-1 生态标识覆盖的产品范围

办公设备和用品	家庭卫生和清洁	家用电器	自助用品
台式电脑	洗衣剂	洗碗机	室内涂料
笔记本电脑	洗洁净	洗衣机	室内油漆
复印纸	厕纸	冰箱	
	厨房用卷纸	吸尘器	
	其他家用卫生纸	电视机	
床上用品	清洁产品	鞋类	花圃
床单	多用途卫生设施清洁剂		
床垫	洗碗机用餐具清洁剂		土壤改良剂
	餐具清洁剂		
灯泡	纺织品	硬地板	旅游住宿服务

2.1.2.6 欧盟生态产品标识申请步骤

（1）递交申请

①如果申请人的产品原产地仅在一个欧洲共同体成员国，与这个国家的认证机构联系。

②如果是多个国家但型式一样，则可跟任意一个国家的认证机构联系。

③如果产品原产地在欧洲共同体之外，则可以向目标投放市场的任一国家的认证机构提出申请。

（2）管理机构审核申请材料

申请应包括所有必要的证书及相关文件。欧盟为生态标识所涉及的每一类别的产品都制定了相应的环保标准，目前所有欧盟选定能够进行生态标识认证的产品及其标准都可在 http://europa.eu.int/index-en.htm 下载。成员国生态标识管理机构有权力根据申请材料审定产品是否达到欧盟制定的生态标准，而无需征求欧盟的意见。

（3）签订使用合同并获得生态标识的使用权

如果产品的环保标准及性能达到要求，则成员国生态标识管理机构会与生产商签订可以使用生态标识的标准合同。

（4）生态标识的申请费用和使用费用

欧盟各成员国对生态标识的申请费用有较大差异，一般在 300～1300 欧元。如果申请者是中小企业或来自发展中国家的企业，则可以获得 25%的价格优惠，此费用的决议在 2000 年年底被欧盟委员会采纳。表 2-2 列出了决议中指示的费用。

表2-2 欧盟生态标识申请费一日览表

项 目	最 低	最 高	费用减免
申请费用（含申请成本的费用）	300 欧元	1300 欧元	对 SMEs 和发展中国家的申请者减免 25%的费用。
标识使用的年费一欧盟产品年销售额的 0.15%	500 欧元每产品组每申请者	25000 欧元每产品组每申请者	对 SMEs 和发展中国家的申请者减免 25%的费用；对经过 EMAS 注册或荣获 ISO 14001 认证的申请者减免 15%的费用；其他减免优惠措施请联系认证机构。

（5）生态标识的使用及监督

授予生态标识的欧盟成员国机构有权抽查生产商的生产车间及产品，来保证产品的环保真实性。一般而言，生态标识授予机构都有帮助生产商向消息者宣传其产品环保特点义务，一旦产品贴有生态标识，生产商可以与标识授予机构联系,向其寻求市场宣传的帮助。

2.1.3 欧盟 WEEE、RoHS

2.1.3.1 概述

欧洲社会的财富在日益积累的同时，也产生了越来越多的垃圾。根据经济合作和发展组织(OECD)统计，从 1990 年至 1995 年，欧洲产生的垃圾量提高了 10%，其中 67%是通过焚化或掩埋的方式处理，此两种方式都会给环境带来毁坏性的影响。掩埋不但会占用越来越多有用的土地，还会污染水源及土壤、释放出二氧化碳和甲烷污染空气，产生出有毒化学物渗透到土地及地下水中，对人类和动植物带来巨大的伤害。所以欧盟在第六个环境行动计划中确定废弃物的预防与管理为欧盟的四大首要任务之一。欧盟废弃物管理的方法遵循预防原则、再循环及再利用原则和改良最终的处置及监控原则。

（1）预防原则

预防原则是任何废弃物管理战略中的基本要素。如果预先减少废弃物的产出量，并通过减少有害物质在现有产品中的使用来降低废弃物的毒害性，则废弃物就更容易处理。废弃物的预防与改良生产方式、引导消费者对绿色产品的需求及减少包装物有密切的关系。

（2）再循环及再利用原则

若无法阻止产生废弃物，就需要通过循环再利用回收尽可能多的材料。为降低废弃物对环境的影响，欧洲委员会已确定了几个具体的供优先处理的"主流废弃物"，包括包装废弃物、报废车辆、电池和电子电气产品。

（3）改良最终的处置及监控原则

如有可能，不能再循环或再利用的废弃物应尽量安全地焚化，最后才选择填埋的方式。由于这两种方式都会对环境带来严重的破坏性影响，所以需要严密的监控。

2.1.3.2 欧盟废弃物管理的主要法律法规

欧盟的立法文件包括 4 个层次：条例、指令、决议和建议。条例适用于整个欧盟范围内，无需经过各成员国立法机构进行立法转换。指令则需由欧盟各成员国通过国内立法才能生效。决议需要欧盟理事会有效多数通过并被理事会采用后才能生效。建议本身不具有约束力，但它是立法文件补充部分，与前面 3 个程序构成完整的组成部分。

欧盟废弃物管理的主要法律法规见表 2-3。大部分废弃物的法律法规可按层次分类，废弃物框架指令(Waste Framework Directive)和有害废弃物指令(Hazardous Waste Directive)形成了废弃物管理法令的总体框架，在此框架下有 3 组"子指令"。一组为针对具体废弃物的指令，另一组是有关废弃物处理工场许可和运作要求的指令，最后一组为有关废弃物在欧盟内、出口或进口运输的指令，形成了欧盟有的废弃物管理法律框架。

表2-3 欧盟废弃物管理法律框架

类　别		具体法律法规名称
大类	废弃物管理框架	• 废弃物框架指令(理事会第 75 / 442 / EEC 号指令,在理事会第 91 / 156 / EEC 号指令及第 96 / 350 / EC 号指令中作出修改 • 有害废弃物指令(理事会第91 / 689 / EEC 号指令,在理事会第94 / 31 / EC号指令中作出修改
小类	针对具体废弃物的指令	• 废弃油的处理指令(理事会第75 / 439 / EEC号指令,在理事会第87 / 101 / EEC号指令及第91 / 692 / EEC号指令中作出修改,在2000 / 76 / EEC号指令中部分废除) • 二氧化钛工业废弃物指令(理事会第78 / 176 / EEC、第82 / 883 / EEC和第92 / 112 / EEC号指令) • 含某种危险物质的电池及蓄电池指令(理事会第91 / 157 / EEC号指令) • 包装及包装废弃物指令(理事会第92 / 62 / EC号指令)　' • 多氯化联(二)苯(PCB)和PCT的处理指令(理事会第96 / 59 / EC号指令) • 环境保护指令,特指保护土壤,尤其在用污水污泥灌溉农作物时(理事会第86 / 278 / EEC号指令) • 产生废弃物及货品残留物的船指令(第2002 / 59 / EEC号指令) • 废旧电子电气设备指令(第2005 / 95 / EC及第2002 / 96 / EC号指令,即RoHS和WEEE指令) • 报废车辆指令(第2002 / 53 / EC号指令)
	处理程序及设备	• 有害废弃物的焚化指令(理事会第94 / 67 / EC号指令,自2005年12月8日起由理事会第2000 / 76 / EC号指令代替) • 废弃物掩埋指令(理事会第99 / 31 / EC号指令) • 废弃物焚化指令(修改后的理事会第2000 / 76 / EC号指令)
	欧盟内运输、进口及出口	• 进口、出口及在欧洲共同体内废弃物运输的监督和控制(修改后的理事会第259 / 93 / EEC条例) • 将某种废弃物运输到非经济合作与发展组织成员国的申请条例及程序(理事会第1420 / 1999号法规及委员会第1547 / 99号条例)

2.1.3.3 WEEE 和 RoHS 指令

在以上废弃物管理的主要法律法规中,引起广泛关注与反响的是《关于废旧电子电气设备指令》(2002/96/EC,waste Electrical and Electronic Equipment)和《关于在电子电气设备中限制使用某些有害物质指令》(2002/95/EC,Restriction of the Use of Certain Hazardous Substances in Electrical and Electronic Equipment),即通常所说的 WEEE、RoHS 指令。WEEE 和 RoHS 都属于指令,都需要欧盟各成员国进行立法转换才能正式生效。下面重点介绍这两个指令。

(1)指令制定的依据和目的

欧盟两指令根据欧共体环境政策的要求(根据 1997 年于阿姆斯特丹,欧盟条约标题 19 及环境条款第 174、175 和 176 条的规定)而制定,并致力于实现以下目标:保持、保护并改善环境质量;保护人体健康;谨慎理性使用自然资源;在国际社会层次上推动各种解决区域或全球环境问题的措施。

欧盟的环境政策旨在寻求更高层次的环境保护，具有 4 个基本原则：

第一个为警戒原则，要求必须采取警戒措施。即使没有特定的证据表明存在潜在危害，也必须保持充分的警觉。

第二个原则为预防重于补救。

第三个原则为若出现环境损害现象，应及时就地进行补救。

第四个原则为污染者必须承担相应的责任。

WEEE 和 RoHS 指令可被视为完全支持以上 4 项原则。通过详细记录与限制使用物质相关的风险因素，并采取既定措施以减少产品中使用限制使用物质的情况，可以更好地保护人体健康，特别是当这些产品在使用寿命终结后必须进行处理的时候，其作用就更为突出。若对电子电气产品进行填土掩埋处理，则将存在水质遭受重金属污染的风险。尽管 WEEE 指令能够大大减少填土掩埋的电子电气产品数量，但仍然无法完全杜绝填土掩埋现象。因此，限制使用此类危害物质，有助于减少其对环境的危害，也能减少其对参与电子电气产品回收的工人造成伤害的风险。

这两个指令很好地支持了欧盟制定的旨在环保及可持续发展的《环境行动计划》第六版以及致力于综合管理产品中所有环境因素的《整合性产品政策》或简称为 IPP，特别适用于产品使用寿命终结后对环境的影响及废弃处理事宜。

（2）指令的实施时间表

2003 年 2 月 13 日——发布 WEEE 和 RoHS 指令。

2004 年 8 月 13 日——欧盟各成员国将 WEEE 和 RoHS 指令转化成国家法规。

2005 年 8 月 13 日——消费者免费交回废旧电子电气产品、生产商负责承担废旧电子电气产品的收集、处理、回收和处置的费用；新电子电气产品或其包装及说明书上必须有特殊标识。

2006 年 7 月 1 日——投放到欧盟市场的所有电子电气产品中不含铅、汞、镉、六价铬、多溴联苯和多溴二苯醚。

2006 年 12 月 31 日——欧盟 15 个成员国(希腊和爱尔兰除外)必须达到 WEEE 指令所设定第一个收集、回收、再使用/再循环目标(详见 WEEE 指令第 7 条 2 款)。

2007 年 12 月 31 日/2008 年 12 月 31 日——2007 年年底斯洛维尼亚达到 WEEE 指令所设定第一个收集、回收、再使用/再循环目标；2008 年年底，其他 9 个新加入的成员国以及希腊和爱尔兰达到目标。

（3）欧盟各成员国对 WEEE 和 RoHS 指令的转化情况

欧盟 WEEE：指令第 17 条要求：成员国应在 2004 年 8 月 13 日前颁布实施符合本指令所

必需的法律、法规和行政规章，并立即通报欧盟委员会。当成员国采纳这些措施时，应包含对本指令的引用，或者在官方出版物里附带引用。引用的方法由成员国规定。也就是说，欧盟 WEEE 和 RoHS 指令约束的是各成员国政府，并不直接适用于生产商，因此要求欧盟各成员国修订或发布国家法律法规，将欧盟指令的要求纳入国家法律法规范围内实施。

欧共体条约第 175 条的规定，其目的在于保护人类健康和环境，依据该条约通过的各项指令规定了"最低协调"措施。WEEE 指令是依据欧共体条约第 175 条制定的，只对电子电气设备废弃物的回收处理做了最低的要求，对各成员国将欧盟指令转化为国内法律法规给予了相当大的自由度，因此，相对于 RoHS 指令而言情况要复杂得多。在欧盟成员国之间，各自的国内立法会有所不同。欧盟各成员国在原有的法律基础、技术基础、设施基础及人口和地理区域上都存在着差异，因此各成员国制定的国家法律法规及具体的实施措施在形式及内容上都会有差异。换言之，各成员国可以制定更加苛刻的措施以达到他们期望的目的。欧共体条约第 95 条规定指令在各成员国必须有相同的要求。RoHs 指令的立法基础是欧共体条约第 95 条，也就是说各成员国在依据 RoHS 指令制定相关法律法规时，它们的要求必须相同。

在转化指令的时间表上，各成员国政府总体上存在两种情况，一是按指令的规定时间(2004 年 8 月 13 日前)完成指令的转化，由于时间有限，只是将欧盟指令原文照搬到本国法规中，这意味着在本国的法规中会有许多不确切的地方；二是推迟指令的转化(即在 2004 年 8 月 13 日前无法完成指令转化)，有较充足的时间与工业界进一步咨询，使指令转化成本国法律法规时具有较好的操作性，但由于指令的实施日期已定，这意味着生产商可能没有充足的时间为实施指令而准备或者本国推迟指令的实施时间。

在欧盟的 25 个国家中，只有希腊、比利时和荷兰按两指令规定的时间完成了转化，其中最早完成转化的是希腊(2004 年 3 月)。所有其他欧盟国家都或多或少推迟了指令的转化。截至 2005 年 11 月，除马耳他和英国外，其他欧盟国家均已完成了两指令的转化，但多数国家还缺少配套的法律法规及实施条例，如关于注册、保证金、回收率计算、处罚等，还需要相当一段时间才能完善。

（4）WEEE 及 RoHS 指令覆盖的电子电气产品类别

①WEEE 指令覆盖的电子电气产品类别

欧盟第 75/442/EEC 号指令第 1 条(a)款关于"废弃"的定义，第 91/156/EEC 号指令进行了修改："废弃"指的是附件 I 中规定的、所有者丢弃或准备丢弃或应该丢弃的物质或物品，包括在其处理时作为其组成部分的所有零件、组件和消费品。该定义并没有明确规定产品是在使用寿命终结后变成废弃品或是在首次被丢弃后成为废弃品。

WEEE 指令的范围包括了指令附录中 10 大类的电子电气设备，即：设计使用电压为交流电不超过 1 000V 和直流电不超过 1 500V 的、正常工作需要依赖电流或者电磁场的设备和实现这些电流与磁场的产生、传递和测量的设备。该指令不适用于产品的零部件或子系统，仅包括以下特定类别的完整产品：大型家用器具；小型家用器具；信息技术和通讯设备；用户设备；照明设备；电子和电气工具(大型固定工业工具除外)；玩具、休闲和运动设备；医用设备(所有被植入体内的和被感染的产品除外)；监测和控制器械；自动售货机。

②RoHS 指令覆盖的电子电气产品类别

RoHS 指令的适用范围与 WEEE 指令附录 I A 相同；此外，RoHS 指令的适用范围还包括了 WEEE 指令中所不包括的白炽灯泡和家用照明设备。目前，WEEE 指令附录 I A 中的第 8 类医用设备(所有被植入体内的和被感染的产品除外)和第 9 类(监测和控制器械)尚不属于 RoHS 指令限制的范围，此外，2006 年 7 月 1 日之前投放市场的电子电气设备的部件、修理部件或再利用部件也不属于 RoHS 指令限制的范围。

RoHS 指令并没有明确规定不包括以下设备产品(而在 WEEE 指令中明确规定不包括这些设备)：军事设备；组装入其他不在本指令规定范围内设备的组件。

英国贸工部的观点是：尽管 RoHS 指令并没有明确排除这两类设备，但由于在 WEEE 指令的规定中，这两类产品已被明确排除，因此根据这个原则，在 RoHS 指令中也应排除这两类设备。技术协调委员会已经提出了这些原则问题，欧盟委员会正在寻求有关的法律意见。目前，RoHS 指令覆盖的电子电气产品类别如下：大型家用器具；小型家用器具；信息技术和通讯设备；用户设备；照明设备；电子和电气工具(大型固定工业工具除外)；玩具、休闲和运动设备；自动售货机。

（5）与 WEEE 和 RoHS 指令相关的其他指令

WEEE 指令和 RoHS 指令的形成并非一日之功，而是欧盟多年来环保立法循序渐进的结果。为帮助读者更全面地理解欧盟在有毒有害物质方面的规定，本节介绍几个在 WEEE、RoHS 指令之前所颁布的与有毒有害物质相关的指令，这些指令与 WEEE、RoHS 侧重点不同，或针对不同产品。目前这些指令也都同样有效，因此，适用产品同样要满足这些指令的要求。

①91/338/EEC 镉指令

91/338/EEC 是欧盟在 1991 年制定的关于限制在色素、染料、稳定剂和电镀中使用镉的指令。指令规定在塑料制品及液态涂料(不管是水性，还是油性涂料)中镉的含量不得超过 0.01%(100ppm)；特定设备的电镀镉则禁止使用。

②91/157/EEC 电池指令

91/157/EEC 是欧盟在 1991 年制定的关于电池废置、回收、处理及有害物质含量限制的指令。指令规定从 2001 年 1 月 1 日起，禁止销售含汞量超过 0.025% 的碱性电池(纽扣电池除外);禁止销售含汞量超过 0.000 5% 的电池和蓄电池(含汞量不超过 2% 的纽扣电池除外);重金属含量超过一定水平(汞>25 mg/cell,镉>0.025%,铅>0.4%)的电池和蓄电池应标注特别符号以表明需单独回收。

③94/62/EC 包装物及包装废弃物指令

94/62/EC 主要限制包装材料中不得含有重金属有害物质,确定包装材料废弃物的回收与再利用目标。该指令于 1994 年 12 月 31 日在官方刊物上发布,并于 1996 年 6 月 30 日被转化为正式的欧盟国家法律。2004 年 2 月 11 日包装废弃物指令 94/62/EC 被修订,新指令为 2004/12/EC,其主要内容如下:

重金属有害物质含量限制:铅、镉、汞、六价铬总量合计不得大于 0.01%(100ppm);

包装物(包括废弃物)的循环利用的目标:2008 年 12 月 31 日前达到 55%~80%,包装物循环利用的最低允许量见表 2-4。

2010 年前实现包装材料中不含重金属及其他有害物质。

表2-4 包装物循环利用的最低允许量

玻 璃	纸材纸板	金 属	塑 料	木 材
60%	60%	50%	22.5%	15%

④2000/53/EC 废旧汽车(End of Life Vehicle.ELV)指令

2000/53/EC 指令自 2003 年 7 月 1 日开始实施,目标是达到车辆的再生,包括材料的再利用和回收,减少报废车辆的废弃物,最终使用者无需负担处理费用。其中在报废车辆的重金属要求上:铅(Pb)最大的允许浓度为 0.1%,豁免部分则为电子电路板的焊锡(60g/台的总量限制);镉(Cd)最大的允许浓度为 0.01%,豁免部分为电动汽车用的电池;六价铬(Cr6+)最大的允许浓度为 0.1%,豁免部分为防腐涂层(corrosion preventative coating,2007年 7 月 1 日以后禁止);汞最大的允许浓度为 0.1%,豁免部分为放电灯。

⑤2005/32/EC EuP 指令

EuP 指令是为耗能产品的生态要求建立框架要求的指令。EuP 指令涵盖的产品种类很广,原则上说适用于在设计和制造后投放到市场的耗能产品,包括所有依靠能源(电能、固体燃料、液体燃料和气体燃料)工作的产品;生成、转换及计量这些能源的产品(不包括运输工具);以及用于装入耗能产品中、并在市场上作为独立部件直接销售给最终用户的部件。EuP 指令涵盖的产品范围远远超过 WEEE 指令的 10 大类产品。

EuP 指令是 CE 标志指令,要求制造商在产品上加贴 CE 标志。符合 EuP 指令的要求,需要提供下列的技术文档:耗能产品的描述;环境评估研究的结果;产品或产品组的生态概要;

产品设计规范要素，与环境要素相关联；适用的标准或其他用于证明符合性的协调标准或替代方法的清单；使用者及处理机构所需的信息；测量的结果。

EuP 指令主要考虑产品整个生产周期对环境的影响，目的是达到减少对环境的破坏以及保护资源，促进生产商采用先进的环境化设计技术来生产耗能的产品。EuP 指令必须考虑整个生产周期，将会强制执行生命周期方法，以减少对环境的影响，并有望推动对所涵盖产品以最利于环境的方法进行处理。

（6）WEEE 与 RoHS 指令的最新进展

①RoHS 指令的最新进展

A. 2005/618/EC 号决议

欧盟委员会于 2005 年 8 月 18 日通过了第 2005/618/EC 号决议，决议对 2002 年颁布的《关于在电子电气设备中限制使用某些有害物质指令》（2002/95/EC，即 RoHS 指令）进行了补充，明确规定了电子电气设备中铅、汞、六价铬、多溴联苯（PBB）和多溴二苯醚（PBDE）在均质物质中的最大浓度值为 0.1%（1 000 ppm，质量计），镉在均质物质中的最大浓度值为 0.01%（100 ppm，质量计），此限值的出台为判定整机、元器件等产品是否符合 RoHS 指令（2002/95/EC）提供了法定依据。

B. 2005/717/EC 号决议

欧盟委员会于 2005 年 10 月 15 日发布了第 2005/717/EC 号决议，对 RoHS 指令（2002/95/EC）的附录进行了修改。

C. 2005/747/EC 号决议

欧盟委员会于 2005 年 10 月 25 日再次发布了第 2005/747/EC 号决议，对 RoHS 指令（2002/95/EC）的附录（豁免清单）进行了修改。

D. 2006/3 10/EC 号决议

欧盟委员会于 2006 年 4 月 21 日发布了第 2006/310/EC 号决议，对 RoHS 指令（2002/95/EC）的附录（豁免清单）增加如下：

带硅酸盐套管的线性白炽灯中使用的铅；专业复印机中高密度放电灯中作为发光物质使用的铅卤化物；专业用途的放电灯荧光粉中作为触媒剂使用的铅；小型节能灯中有特殊成分的汞合金中使用的铅；液晶显示器中用于连接前面和后面荧光灯的玻璃中的氧化铅。

②WEEE 指令的最新进展

A. 2003/108/EC 号决议

2003 年 12 月 8 日，欧洲议会和欧盟理事会颁布了第 2003/108/EC 号决议，对第 2002/96/EC 号指令（《关于废旧电子电气设备指令》）第 9 条进行了修改补充，具体修改内容如下：

a. 成员国应在 2005 年 8 月 13 日前确保于 2005 年 8 月 13 日后投放于市场的、来自非家庭使用者(英文原文)的废旧电子电气设备废弃物的收集、处理、回收和环保处置的费用由生产商提供。

成员国应保证在 2005 年 8 月 13 日前，对于 2005 年 8 月 13 日前投放市场的电子电气设备废弃物(历史废弃物)的管理费用的支付，应按照以下方式执行：对于被同等新产品替代的或者满足相同功能的新产品替代的历史废弃物，生产商应在供应新产品的同时提供其回收费用。作为一种可选方法，成员国可以规定非家庭使用者也部分或全部承担此费用。对于其他的历史废弃物，其回收费用应由非家庭使用者承担。

b. 生产商和非家庭使用者在不违背本指令的情况下，可以达成其他规定费用解决办法的协议。

B. 2004/312/EC 号和 2004/486/EC 号决议

2004 年 5 月 1 日欧盟增加了 10 个新成员国。根据加入协议，各准成员国必须在加入之日起将欧盟的全部环境相关法律落实到本国法律法规体系中。但针对一项关于要求各成员国加大投资力度、改善本国基础设施的立法，欧盟立法机构采取了变通的做法：允许新加入成员国通过协商获得实施的过渡期。

欧盟委员会于 2004 年 3 月 30 日通过了第 2004/312/EC 号决议，同意新成员国延后执行 WEEE 指令第 5 条(5)款及第 7 条(2)款规定的要求，决定主要内容如下：

捷克、爱沙尼亚、匈牙利、拉脱维亚、立陶宛和斯洛伐克获准延长 24 个月执行 WEEE 指令要求；斯洛文尼亚获准延长 12 个月执行 WEEE 指令要求，见表 2-5。

表2-5 新增欧盟成员延缓实施WEEE指令的情况

序号	国别	延长时间	法律依据
1	斯洛文尼亚	12 个月	2004 年 3 月通过的第 2004／312／EC 号决议
2	捷克、爱沙尼亚、匈牙利、拉脱维亚、立陶宛、斯洛伐克	24 个月	2004 年 3 月通过的第 2004／312／EC 号决议
3	塞浦路斯、马耳他、波兰	24 个月	2004 年 4 月通过的第 2004／486／EC 号决议

这些国家要求延缓实施的理由是，历史性回收赤字加上人口密度小使他们很难在规定的时间内达到 WEEE 指令的目标。塞浦路斯、马耳他和波兰起初并没有提出延缓实施要求，但看到 7 国申请成功，这 3 国也提交了延缓实施请求。2004 年 4 月 26 日欧盟委员会的第 2004/486/EC 号决议准许塞浦路斯、马耳他和波兰 3 国延缓 2 年实现该目标。

a. 2005/369/EC 号决议

欧盟委员会于 2005 年 5 月 3 日公布了第 2005/369/EC 号决议，制定监管成员国遵守废旧电子电气设备指令的规定，并明确了符合该指令要求的准则。

该决定要求成员国必须按照一定的格式来汇报 WEEE 指令第 12 条(1)款中要求的信息；按照一定格式完成指令第 7 条(2)款中设置的回收、再利用和循环再用要求的符合性论证。填写完这些表格之后，成员国可以估计再利用材料、循环再用材料和回收材料的平均百分比，比如废旧电子电气设备中的金属、玻璃、塑料和元件等。

WEEE 指令第 6 条(5)款规定，将电子电气设备废弃物输出到第三方国家进行处理，或者被送往其他成员国处理，只有那些收集并运出废弃物的成员国可以视为履行了指令第 7 条(2)款的目标。而且当成员国向委员会提交文件时，需要提供一份编制数据的详细描述，并说明评估过程和使用方法。

b. 关于电子电气产品标识的欧洲标准(EN 50419)

2005 年 1 月欧洲电工标准化委员会(CENELEC)颁布了关于电子电气产品标识的欧洲标准：EN 50419。该标准是在欧盟 2002/96/EC《关于废旧电子电气设备指令》(wEEE 指令)的框架下产生的。WEEE 指令第 11 条(2)款规定，各成员国应确保 2005 年 8 月 13 日以后投放市场的电子电气设备，其标志上能清晰显示生产商的名称。

EN 50419 标准对标识的具体要求如下：标注生产商唯一标识，如：品牌、商标、公司注册号码或其他可识别生产商的标识；标注该设备于 2005 年 8 月 13 日以后投放市场，可采用标注生产日期或上市日期的方式，也可采用与分类收集标志一同使用的附加标志，该标识由带十字叉的带轮垃圾桶组成，见图 2-5。上述标志应持久耐用、清晰可辨和无法拭除。除因设备自身所限，一般不得改动标识。标识应附在设备上，如因设备自身所限不能如此，则标志可附在电源线或操作说明上，如仍不行，可附在包装上。

由生产商负责在设备上加标识。此处生产商是指：产销自有品牌设备的；以自有品牌转销其他供应商供应的设备的；将设备进口至欧盟成员国或自欧盟成员国出口设备的。

EN 50419 标准对标识的设计要求：标识如图 2-1 所示，该附加标识由一个高度为 h，宽度为 1.2a 的黑条组成。固定条的高度(h)大于 0.3a 或 1mm，该条仅与带十字叉的带轮垃圾桶一同使用，而且不包含任何文本或任何形式的信息。尺寸关系如图 2-1 所示。带十字叉的带轮垃圾桶下符合尺寸要求的黑条，即标明该设备是 2005.08.13 后投放市场的，而无需再加施数字型投放日期予以标识。需要注意的是，图 2-5 所示的标志与 WEEE 指令中规定的标识(见图 2-6)略有不同，图 2-6 所示标志没有黑条以及垃圾桶具体的尺寸关系。

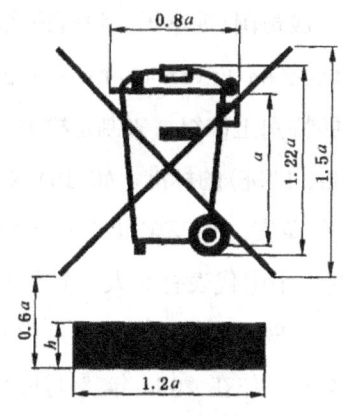

**图2-5 EN 50419 标准要求的
电子电气设备标识**

**图2-6 WEEE指令附录Ⅳ规定的
电子电气设备标识**

2.1.3.4 RoHS 指令的实施及应对

（1）RoHS 限制使用物质检测标准研究现状

RoHS 指令的具体执行需要配套的技术文件(包括标准、指南、技术报告等)作为依据，如有害物质的测定方法、环境化设计等，欧盟正在做这方面的工作。其他机构也关注到电子电气设备的环保问题，并已经着手开展这方面的研究，其中引起各国广泛关注的是 IEC 所做的工作。IEC 已经成立了 IEC / TC 111 电子电气产品和系统的环境标准化技术委员会 (Environmerltal Standardization for Electrical and Electronic Products and Systems)，专门负责处理电子电气产品和系统的环境标准化问题。其成立的背景如下：

2004 年年初，IEC 标准管理局(Standard Manage Board，SMB)在美国佛罗里达州召开会议，会上讨论了由意大利国家标准管理委员会(ItaIian NC)提出的关于设立电子电气产品环境标准新技术委员会的提案，理由是现有的各个 TC 在制定各自业务范围内产品的环境标准时，往往导致相同的问题采取了不同的技术方法和解决方案，因此迫切需要成立一个新的 TC 来制定环境领域方面的指南、基础标准和横向标准，包括技术报告，以保证 IEC 在制定有关环境标准方面的一致性。2004 年 4 月 22 日，投票结果显示 13 个国家委员会赞成设立新的技术委员会，以负责电子电气产品的环境标准工作；SMB 于 2004 年 6 月 16～17 日召开会议并作出裁决，结果以多数票通过了设立新的技术委员会——电子电气产品环境标准技术委员会。新 TC 代码于 2004 年 10 月在韩国举行的 IEC 年会上公布，正式命名为 IEC / TC111 "电子电气产品和系统的环境标准化技术委员会"，并决定于 2005 年 3 月 22～23 日在意大利米兰召开第一次会议。

现有澳大利亚、奥地利、中国、丹麦、芬兰、法国、德国、意大利、日本、韩国、挪威、西班牙、瑞典、泰国、英国和美国共 16 个 P 成员国(参加国，有正式的投票权)，加拿大、捷克、以色列、墨西哥、波兰、新加坡和瑞士共 7 个 O 成员国(观察国，没有投票权)。

ACEA 为 IEC 的环境咨询委员会(Advisory Committee on Environmental Aspects)，已成立 3 年。ACEA 于 2004 年 3 月成立了制定检测程序的特别工作组，来制定检测电子电气产品中 6 种限制使用物质含量(铅、汞、镉、六价铬、PBB、PBDE)的标准。AC/19A/2004 任命了特别工作组专家，并于 2004 年 12 月完成了第一个工作草案。IEC/TC 111 首次会议于 2005 年 3 月在意大利米兰召开。这次参会代表共 51 人，其中中国代表有 8 人。会上确定成立 TC 111/WG 3，即有害物质检测方法工作组，主要负责制定 IEC 62321《电工产品中限制使用物质含量的测定程序》标准，从而使得 ACEA 特别工作组的工作在 2005 年 3 月成功地转移到 IEC/TC 111/WG 3，目前我国有 4 位专家加入了该工作组，从事该项标准的起草工作。

（2）RoHS 指令中 6 种有害物质的常用测试方法

现在只有为数不多的标准适合于分析和确定电子电气设备及其零部件中限制使用物质的含量。有许多标准可用于分析其他物质，如水中和空气中的污染物，可以利用这些标准来制定新的标准。有几种合适的分析技术可以用来分析每一种限制使用物质，不必对每一种物质规定一种特定的方法。现列出分析 RoHS 指令中 6 种有害物质的一些常用测试方法(见表2-6)供参考。

表2-6　分析RoHS指令中6种有害物质常用测试方法

测试项目	设　　备	测试方法
镉及其化合物	ICP-AES (电感耦合等离子体原子发射光谱)	EN 1122—2001
铅及其化合物	ICP—AES	US EPA3050B US EPA3052
汞及其化合物	ICEOAES	US EPA3052
六价铬化合物	UV_VIS(紫外可见分光光度计)	US EPA3060A、7196A
多溴联苯(PBB)，多溴二苯醚 (PBDE)	GC／MS(气质联用)	EPA3540C，EPA8081，EPA8082A

注：样品数量要求：固体／液体为 50 g／50 mL 以上。

2.1.4 欧盟 REACH 法规

2003 年 5 月，欧盟委员会推出了《化学品注册、评估、授权和限制制度》的化学品新政策的法规草案（Concerning the Registration, Evaluation, Authorization and

Restriction of Chemicals），简称 REACH 制度。REACH 是"Registration, Evaluation, Authorisation and Restriction of Chemicals"的缩写，其全称为"化学品注册、评估、许可和限制"，是欧盟对进入其市场的所有化学品进行预防性管理的一部法规。

REACH 法规要求包括以下几个方面：

2.1.4.1 注册

这是 REACH 法规的核心内容，预计所有物质的 80% 只需要注册。主要目的是要求企业（制造商或进口商）对其产品安全承担责任，收集关于化学品危害性的充分信息，并用于决定适当的供制造商和进口商执行的风险管理措施及向下游用户推荐这些措施。

（1）注册免除范围

①不在 REACH 注册范围内的物质： 放射性物质；受海关监管的物质；不可分离中间体；处于运输过程的危险物质；废物。

②其他法规已覆盖的另有规范的化学品：例如，化妆品，食品或饲料使用的添加剂等。

③聚合物在尚未建立起实用、省钱的鉴别聚合物危害性的科学技术基准之前，可全部豁免。但在聚合物中尚未注册的单体和其他物质，含量超过 2% 并且每年总量超过 1t/a 的则要求注册。

④仅用于产品或过程科研开发的化学物质，可申请豁免注册，豁免期限最长 5 年。申请豁免时要向管理局通报规定的信息。对专门用于开发医药产品的物质可申请再延期最长 5 年，或在一定条件下，如果该物质没被投入市场，可申请再延期最长 10 年。

⑤由其他行为者再进口与自欧盟出口的已注册的同一物质，可不再注册。再进口者被视为下游用户。

（2）物质注册范围和需要信息

注册人必须是欧盟范围内的企业法人。注册可分为：可分离中间体和其他化学物质。

①可分离中间体的注册

可分离中间体又包括直接使用于厂内可分离中间体和外运的可分离中间体两类。

A.直接用于厂内的可分离中间体

有关普通注册信息（注册者姓名、地址、电话号码等）；物质的确定，包括物质所有的基本信息（物质名称、标识符、分子式结构式相关信息、物质的成分）；中间体的分类；现存可获得的中间体物理化学性质；常规用途摘要；应用风险管理措施的详细资料。

B.外运的可分离中间体，提交的信息与厂内可分离中间体基本相同

对于生产量超过 1000 吨／年的外运的可分离中间体的登记，除上述信息外，还要提交物质固有性质信息的常规要求；同时还应遵守一系列控制条件。

②其他化学物质的注册

A. 独立存在的或配制品中的化学物质

a. 制造量或进口量1吨／年以上的物质。

b. 符合下列条件之一的聚合物应提交注册：聚合物中该单体物质或其他物质的质量含量大于或等于 2%；该单体物质或其他物质总量大于或等于 1 吨/年。

B. 下游产品中的化学物质

a. 符合以下条件应提出注册申请：物质在下游产品中的总含量大于或等于 1 吨/年，并且，物质在正常使用和可合理预见的使用条件下可能从物品中释放。

b. 所含化学物质是需取得授权的物质，制造商或进口商均应向化学品局通报：物质在下游产品中的总含量超过 1 吨/年，并且，在这些下游产品中的物质的重量比大于 0.1％。

a、b 条款不适用于生产商和进口商在正常使用和可以预见的使用情况下能排除对人或环境的暴露，在这种情况下要在下游产品的包装上印制适当安全使用说明。

c. 如果物质在下游产品中的总含量大于或等于 1 吨/年，同时管理局有理由怀疑化学物质从物品中释放出来，对人类健康或环境产生危害，管理局可以决定要求制造商或进口商申请注册。

C. 植物保护和生物农药产品中的化学物质

③其他化学物质注册技术档案所需文件

REACH 法规要求制造或进口化学物质 1 吨/年以上的注册人提交一份技术档案，在此基础上制造或进口量超过 10 吨/年的注册人应另准备一份化学品安全报告，按照最低吨位标准的要求，每达到一个新的吨位标准时，就继续增加注册所需数据的要求。

A. 技术档案（普通注册信息），包括：注册者姓名、地址、电话号码等；物质的确定，包括物质所有的基本信息（物质名称、标识符、分子式结构式相关信息、物质的成分）；有关制造和物质使用信息；物质的分类和标签；有关物质安全使用指南；按照产量吨位提供的毒理和环境毒理实验研究摘要；递交的信息应经过有资格的人审核；生产量在 100 吨和 1000 吨以上的物质注册所要求的试验的提案；数量在 1～10 吨范围内的物质暴露信息。

B. 化学品安全报告

（3）注册时间限制

需要注册的物质分为分阶段物质和非分阶段物质。分阶段物质是指列入欧盟现有商业化学物质目录中的化学物质；不在上述目录中的物质属于非分阶段物质。

①非分阶段物质：自法规生效后的 60 日内，提交注册档案。提交档案后，若 3 周内化学品局无任何指示说明资料不全，则制造商或进口商 3 周后即可进行制造与进口。

②分阶段物质：

A.法规正式实施 3 年内须进行注册：包括根据指令 67/548/EEC 中划分为 1、2 种类的致癌、基因突变、生殖毒性（CMR）的物质，数量在 1 吨/年或以上的物质须进行注册；根据指令 67/548/EEC 中 N:R50-53 划分为导致水生环境长期反应的高水生物毒性的物质，数量在 100 吨/年或以上的物质须进行注册；数量在 1000 吨/年或以上的物质。

B.法规正式实施 6 年内，数量在 100 吨/年或以上的物质须进行注册。

C.法规正式实施 11 年内，数量在 1 吨/年或以上的物质须进行注册。

（4）数据共享和避免不必要测试

资料分享的目的是为了避免重复工作，特别是脊椎动物试验，不得重复进行，同时降低测试费用，减轻企业负担。为了解决这个问题，REACH 法规进行了分阶段物质预注册的规定。数据的所有者在 10 年内向收益于这些数据的注册者收取费用。预注册时间期限：

A.在法规生效 12－18 个月内：注册人须对生产或进口量大于等于 1 吨/年的分阶段物质进行预注册，除非有特殊的注册要求。

B.潜在注册者在法规生效 18 个月后第一次生产或进口 1 吨以上的物质，需要在生产前 6 个月并在注册截止时间前 12 个月提出预注册。

预注册对于企业来说是有好处的，可以有一个过渡期。如果没有进行预注册，则享受不到过渡期的好处。由于时间较为紧迫，我国出口企业应尽快准备。欧洲化学品管理局将在法规生效后的第 19 个月，公布预注册物质的名录。

2.1.4.2 评估

评估分为两种类型：

文档评估(Dossier Evaluation)：由欧洲化学品管理局检视登记的技术文档是否齐全符合法规的规定，并检视动物试验计划，以避免不必要的动物试验。

化学物质评估(Substance Evaluation)：由欧洲化学品管理局与成员国主管机关协调确认化学物质危害人体健康与环境的风险性。

2.1.4.3 许可

许可分两个步骤进行：

（1）由欧洲化学品管理局公布符合许可条件的候选物质的名单和这些物质可豁免许可的使用范围（例如因为已有其他法规对其使用有了足够的控制），以及申请截止日期。

（2）对候选物质的每一种使用和上市，必须要在截止日期前申请许可。在申请某物质被许可前，申请者必须对其替代可能作分析，如确定有合适的替代者，则必须提交替代计划；如没有确定的替代者，则必须通告相关的研究开发情况。所有属 PBTs 和 vPvBs 的物质，只有在申请者能表明使用此物质的风险可得到恰当的控制时，才可被授予许可。如不能被恰当控制，只有当没有合适替代可提供，并且其用途的社会经济利益要超过其对人类健康和环境带来的风险时，才可被许可。

2.1.4.4 限制

限制的主要步骤为：化学物质于评估阶段，经成员国或欧洲化学品管理局判定此化学物质有不可接受的风险存在，并需要对降低风险的各种措施进行鉴别，作更进一步评估时，可提出对该物质限制的提案，利益相关方可对此提案进行评议。由欧盟委员会作出决定。对此化学物质：风险可管理，故不限制；禁止部份使用；或完全禁止使用的决定。

现有根据 Directive 76/769/EEC 所作出的限制决定，例如对石棉的禁令、某些偶氮染料的限制等，将纳入 REACH 法规中继续执行。

2010 年 3 月 30 日，欧洲化学品管理局(ECHA)将丙烯酰胺(英文名称：Acrylamide，EC 编号：201-173-7，CAS 编号：79-06-1)加入高度关注物质(SVHC)清单。至此，REACH 法规下 SVHC 清单中的物质数量，已增加至 30 种。企业若生产或进口这些物质，或者其生产或进口的混合物、物品中含有一定量的这些高关注度物质，则必须注意清单的更新情况，及时排查可能由此带来的潜在的法规义务（包括通报及信息传递）。

2.1.4.5 欧盟考虑修改 REACH 法规

欧盟环境专员 Janez Potonik 于 2010 年 3 月 22 日表示，长达 1000 页的 REACH 化学品法规中，某些部分内容尚不清晰，需要修改，以加速使用安全物质替代有害化学品的进程。

目前，高度关注物质(SVHC)清单中只有 30 种物质(除上述新增的丙烯酰胺外，其它 29 种物质详见 Intertek 最新消息 CN-318)，这些物质正在等待被替代；同时，优先物质清单上还有另外 7 种物质。但是，目前替代物质清单上尚无任何物质。Potonik 建议这些清单上的物质都应该有所增加。高度关注物质清单中现有的物质数量远远少于由公益组织和非政府组织联合起草的 REACH SIN List 当中列明的 350 多种物质，也没有涵盖由部分欧盟成员国根据 REACH 标准确定的 400 多种物质。

"社会经济效益准则"需要进一步明确。Potonik 说，REACH 法规的表述不够清晰，"如果需要，我们将修改内容，以促进实施。"他认为，"社会经济效益准则是一个含糊的概念，"欧盟法规需要在这一点上作出明确的阐述。根据 REACH 法规，一种物质即使对人类健康或环境有危害，只要可以证明使用它的社会经济效益大于造成的危害，并且没有合适的替代品，它仍然可以获得授权。

注册限期不会延长。危害最大或者高产量的化学品的 REACH 注册期限为 2010 年 11 月 30 日，对此，环境专员重申反对延长这一期限。而欧盟业界对是否能达到这一期限表示担忧。

生产商和进口商必须在注册文件中详述对化学品风险的管理，这样才能继续生产和销售。据估计，这一要求涉及的物质有 9000 种。根据 REACH 法规，没有在上述期限前注册的物质不能使用或在市场上销售。

　　在与欧洲化学品管理局(ECHA)讨论后，欧盟委员会计划在 2012 年之前再增加 106 种 SVHC 物质，同时号召欧盟成员国提供建议和协助。

表2-7　REACH法规及其附件下载参考

法规名称	文本下载	备注
Regulation EC No 1907 2006	Regulation EC No 1907 2006.pdf	REACH 法规原文英文版
REACH 法规原文	REACH 繁体中文版本.pdf	REACH 法规原文繁体中文版本
Draft Annexes IV and V text	regulation_annexes_iv_v_en.pdf	REACH 法规附件 IV 和附件 V（10 月 9 日发布）
67/548/EEC-Classification, labelling and packaging of dangerous substances	67-548-EEC.pdf	67/548/EEC 指令—有关危险物质的分类，包装，标签
FOREWORD TO ANNEX I --List of dangerous substances of the 28th ATP of 67/548/EEC	foreword to annex1.pdf	67/548/EEC 指令附件 I 前言
ANNEX I OF 67/548/EEC	Annex_I_of_Directive_67548EEC.doc	67/548/EEC 指令附件 I
Annex VI OF 67/548/EEC	67-548-EEC(ANNEX 6).pdf	67/548/EEC 指令附件 VI
Extract of Danger, Risk and Safety phrases	Danger_R_S_phrases.pdf	危险物质的风险短语和安全短语摘取
	Danger-R-S-phrases（整理版）.pdf	
AMENDMENTS OF 67/548/EEC - Complete list of amendments and related documents to Council Directive 67/548/EEC and links to relevant references	Amendments_of_67-548-EEC.pdf	67/548/EEC 指令修订
92/32/EEC-7th admendment	92-32-EEC.pdf	67/548/EEC 指令第 7 次修订
92/32/EEC-30th admendment	30th amendment of 67-548.pdf	67/548/EEC 指令第 30 次修订
92/32/EEC-30th admendment faqs	30th amendment of 67-548_FAQs.pdf	67/548/EEC 指令第 30 次修订的常见问题
COSMETICS DIRECTIVE 76/768/EEC	76-768-EEC(COSMETICS).pdf	76/768/EEC—化妆品指令
RESTRICTION DIRECTIVE OF DANGEROUS SUBSTANCES AND PREPARATIONS 76/769/EEC	76-769-EEC.pdf	76/769/EEC—危险物质和配制品的限制指令
PLANT PROTECTION PRODUCTS DIRECTIVE 91/414/EEC	91-414-EEC.pdf	
PLANT PROTECTION PRODUCTS DIRECTIVE2003 565 EC	2003 565 EC.pdf	植物保护剂相关指令
PLANT PROTECTION PRODUCTS DIRECTIVE703 2001 EC	703 2001 EC.pdf	
PLANT PROTECTION PRODUCTS	1490 2002 EC.pdf	

DIRECTIVE1490 2002 EC		
PLANT PROTECTION PRODUCTS DIRECTIVE3600 92 EEC	3600 92 EEC.pdf	
BIOCIDE DIRECTIVE 98/8/EC	dir_98_8_biocides.pdf	98/8/EC—生物杀灭剂指令
99/45/EC-Classification, labelling and packaging of dangerous preparations	99-45-EC.pdf	99/45/EC—有关危险配制品的分类，标记，包装指令
Test methods Regulation	Test methods Regulation.pdf	欧盟 REACH 试验方法法案

2.2 美国

2.2.1 美国能效

2.2.1.1 能源之星标识

能源之星的标识都是一种青蓝色(100%Cyan)的主色调，目前根据其用途，包括 4 种类型的标识，分别是：宣传推动标识，认证标识，链接词组标识和合作伙伴标识。

表2-8 能源之星标识

标识名称	标识用途	标识图示
宣传推动标识	用于各类专门介绍能源之星的材料中,比如宣传手册、插页、媒体工具包,这类资料一般用于公共教育活动中	
认证标识	用于标贴在各类符合能源之星技术规范要求的产品、家具和建筑物上	
链接词组标识	用于各种市场广告和通告之类的资料中,用以表明公司或组织可以销售或提供符合能源之星性能要求的产品和服务	
合作伙伴标识	用于鼓励认可和加入能源之星计划的公司或组织	

2.2.1.2 主要产品目录

目前能源之星已经开发了多达 40 多个标识产品门类，包括了工业、商业和居民生活用途在内的相当广泛的范围，具体的产品清单可以在其官方网站上获得，同时也可以很方便地找到对应的产品能效技术规范，本书不再作具体引用，只是简单地列出美国能源之星计划历年来不断发布的产品目录，详见表 2-9：

表2-9　美国能源之星产品目录

时　间	产　品　类　别
1992 年	个人电脑、显示器
1993 年	打印机
1994 年	传真机
1995 年	复印机、变压器、住宅暖通空调 HVAC(包括：空气式热泵、中央空调、暖气炉、燃气热泵、程式化自动调温器等)、能源之星标识新家(New Homes)计划
1996 年	能源之星建筑物方案、紧急出口灯标志与绝缘、锅炉、能效家电用品(包括：洗碗机、电冰箱、家用冷气机)
1997 年	住宅灯具、多功能装置及扫描器、洗衣机
1998 年	电视机、录像机、窗户
1999 年	音响、数字化视频光盘(DVD)产品、屋顶产品、荧光灯管等
2000 年	水冷式电冰箱、交通信号灯、提供住宅改善方案
2001 年	资讯与家电产品的置顶盒、家用除湿机、天花板风扇、定点通风扇、马达、热水器
2002 年	无线电话、电话答录机
2003 年	自动售货机、食品服务设备、空气清净机
2004 年	外部电源适配器等

2.2.1.3　能源之星标识申请流程

对于能源之星计划而言，其合作者既包括了产品制造商，也包括了销售商和其他乐意推广能源之星计划的组织。对于中国的企业而言，一般都只是需要了解产品标识方面的信息，以便为其制造的产品获得能源之星标识。因此，我们重点对这部分流程做描述和解释(见图 2-7)。其他内容可以在能源之星制造商可以通过能源之星的官方网站了解成为其合作者的必要条件，不同产品的技术规范和检测方法也都是公开文件。在了解了产品的所属门类及检测

主要贸易国机电产品环保安全合格评定程序研究

规范要求之后，制造商可委托第三方检测机构，按照能源之星技术规范的要求对产品的能效性能予以测量，也可以在其自己的场所完成产品能效测试工作。

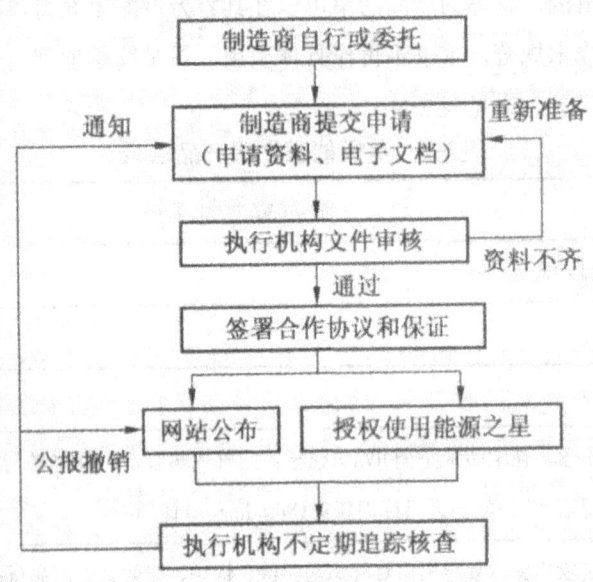

图2-7 能源之星申请流程图

申请程序如下：

（1）完成所有测试且结果满足能源之星的要求之后就可以向能源之星的执行机构递交申请材料，所有材料应该是电子文档形式。

（2）申请资料包括以下内容：

官方申请表；

根据能源之星相关产品技术规范要求完成的能效检测报告；

公司营业执照及其他合法性证明文件；

申报产品的彩色照片，描述外观及内部能效相关线路和结构；

产品技术资料，如电路图，结构图，用户说明书，维修说明书等。

申请资料提交的邮箱和通信地址如下：

partnership@energystar.gov

ENERGY STAR

c/o D&R International

1300 Spring Street, Suite 500

Silver Spring, MD 20910

（3）能源之星的执行机构在收到申请资料后将安排文件审核，有问题的资料会被退回重新准备。如果确认所递交的产品资料没有任何问题，则会与申请厂商签署一份用户合作协议和合作者保证书。

（4）能源之星机构在收到以上所有符合要求的资料后会将相关产品公布在其官方网站上，同时还将授权申请厂商可以在申请的产品上按要求使用能源之星标识。

（5）对于申请合格的产品，能源之星的执行机构会安排不定期的跟踪核查，不能持续满足能源之星规范的产品会被从网站公报中撤销。

2.2.1.4　能源之星国际合作概况

至 2003 年为止，全球共计有 7 个国家和地区参与美国环保局推动的国际能源之星标识计划，分别为美国、日本、澳洲、新西兰、中国台湾、欧盟、加拿大，详见表2-10。

表2-10　能源之星国际合作情况

国家和地区	计划签订时间	负责单位	执行单位	主要产品方案
美国	1992	环保局(EPA) 能源部(DOE)	环保局(EPA) 能源部(DOE)	办公室设备与家庭电器
日本	1995	大藏省(MITI)	省能中心(ECCJ)	办公室设备
澳洲	1997	能源持续发展署(SEDA)	能源持续发展署	办公室设备、家用电子产品方案
新西兰	1997	能源效率与节约署(EECA)	能源效率与节约署	办公室设备
中国台湾	1999	台湾当局"行政院环境保护署"(EECA)	财团法人环境与发展基金会(EDF)	办公室设备、家用电子产品方案
欧盟	2001	欧盟委员会(EC)	欧盟委员会	办公设备
加拿大	2001	国家资源署能源效率部(Office of Energy Efficiency Natural Resources)	国家资源署能源效率部	家用电气设备、办公室设备方案、空调系统方案、家用电子产品方案、绿色照明方案

2.2.2 美国 ROSH

2.2.2.1 美国 UL 的 RoHS 认证

（1）基本情况

为了帮助客户积极应对欧盟的 RoHS 指令及其他国家相关的环保指令，除了 UL 推出 RSCS 方案。在目前企业普遍以测试报告被动应对 RoHS 指令的状况下，UL 提出 OEM 厂商应深入其供应链体系，逐层检测产品的每种材料、每个零部件是否符合 RoHS 指令外；同时还要评估每一层的供应商管理流程是否符合要求，进而从根本上确保最终产品符合、且可以持续稳定地符合。RoHS 指令的要求。

RSCS 方案包括如下一些基本步骤：

①检测：按照欧盟 RoHS 指令对 6 种有害物质的限值要求，对客户提交的样品进行检测。

②监督检查：该方案包括每年 2 次的监督检查，主要包括：质量管理体系审核、产品复核、抽取样品材料进行检测，抽样间隔不应超过 2 年。

③进入 UL 的全球数据库系统：符合 RSCS 方案的产品进入 UL 的全球数据库系统供注册者进行查询。

④标识：符合 RSCS 方案的产品可以加施 UL 的 RoHS 产品认证标识，该标识可以出现在产品上、产品的包装材料上、申请企业的网站上和纸面材料上。

⑤撤销使用：当申请人自愿退出该 RSCS 方案或发现不符合 UL 的 RoHS 方案的要求时，申请者不得再使用认证标识，且从 UL 的全球数据库系统中删除该产品的信息。不符合的情况包括：发现产品不符合 6 种有害物质的限值要求；发现存在未经评价的产品结构的变化；申请者不遵守方案的条款、规定或监督检查的要求。

⑥标识式样（见图 2-8）

图2-8 美国 UL的RoHS认证标识

（2）申请程序

UL 限用物质管制计划(Restricted Substances Compliance Solutions, RSCS)申请流程见图 2-9。

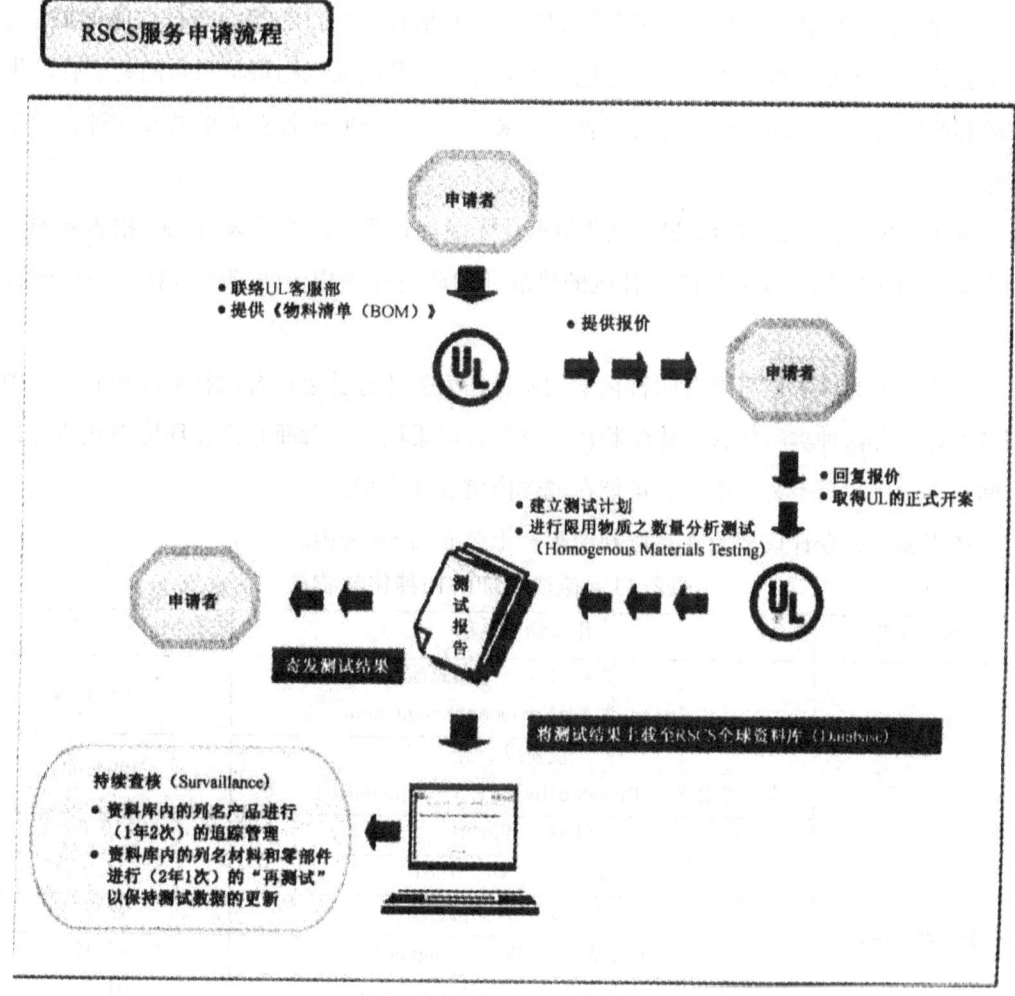

图2-9　美国UL的RoHS认证申请流程图

2.2.3 美国 REACH

早在 1969 年，美国就制订了《国家环境政策法》（The National Environmental Policy Act of 1969），以法律形式规范美国政府部门环境与发展综合决策的行为，并在随后几十年里不断对该法进行修订，制订实施细则、执行命令和备忘录，形成了比较完整的环境与发展决策法律体系。为实施可持续发展战略，促使经济建设与人口、资源、环境协调发展，当前我国迫切需要建立中国特色的环境与发展综合决策法律规范。

美国环保局拟向有毒物质排放（TRI）清单（厂家应报告它们对清单内的有毒化学物的使用、储存、运输和处理情况）中添加 16 种化学物质（见表 2-10），这是 EPA 十年多年来第一个化学品扩展计划。作为《紧急计划和社区知情权法》（EPCRA）的一部分，TRI 是 EPA 一个公开的数据库（点击进入），它包含了某些行业及联邦机构每年报告的关于有毒化学品排放和废物管理活动的信息，目前包含关于来自美国 22000 个行业企业的 650 种化学品和化学组。

基于对现有研究的审查，EPA 认为这些化学品能致癌。这次提议对 TRI 报告要求增加的化学品是为了告知公众化学品在社区的排放和向政府提供用于研究的信息和该法规的发展潜力。

拟议添加的化学物质中有四种化学物质是作为多环芳香烃化合物种类添加到 TRI 中。多环芳香烃化合物种类所包含的化学物质是持久、可累积，有毒而且会在环境中残留很长一段时间。这些化学品不易被消灭且可能在成体内增加并累积。

该提案的公众评议期为在《联邦纪事》上公布后 60 天内。

表2-11 拟议添加的16种化学物质

物质分类	化学物质名称	CAS
个别物质种类	1-氨基-2,4 一二溴蒽醌 1-Amino-2,4-dibromoanthraquinone	81-49-2
	二溴新戊二醇 2,2-bis(Bromomethyl)-1,3-propanediol	3296-90-0
	呋喃　Furan	110-00-9
	环氧丙醇　Glycidol	556-52-5
	异戊二烯　Isoprene	78-79-5
	甲基丁香酚　Methyleugenol	93-15-2
	邻硝基苯甲醚　o-Nitroanisole	91-23-6
	硝基甲烷　Nitromethane	75-52-5
	苯酚酞　Phenolphthalein	1977-9-8
	四氟乙烯　Tetrafluoroethylene	116-14-3
	四硝基甲烷　Tetranitromethane	509-14-8
	氟乙烯　Vinyl Fluoride	1975-2-5
多环芳香烃化合物种类	1,6-二硝基芘　1,6-Dinitropyrene	42397-64-8
	1,8-二硝基芘　1,8-Dinitropyrene	42397-65-9
	6-硝基联苯　6-Nitrochrysene	7496-2-8
	4-硝基芘　4-Nitropyrene	57835-92-4

2.3 澳大利亚

2.3.1 澳大利亚能效

2.3.1.1 能效标识

在澳大利亚，主要种类的家用电器都需要标有能效等级标识，包括：电冰箱、冷冻机、洗碗机、洗衣机、干衣机和空调。对制造商来说有义务把能效等级标志标识在每一个产品上。

星等级提供了一个快速可比较模型的能源效率评价标准，用于比较的两大参数是星级能源效率定额(Star Rating)和比较耗电量(CEC)。比较耗电量(通常千瓦时／年)提供了包括接受测试的电器每年能耗量和家用电器典型使用的相关信息。

表2-12　能效标识列表

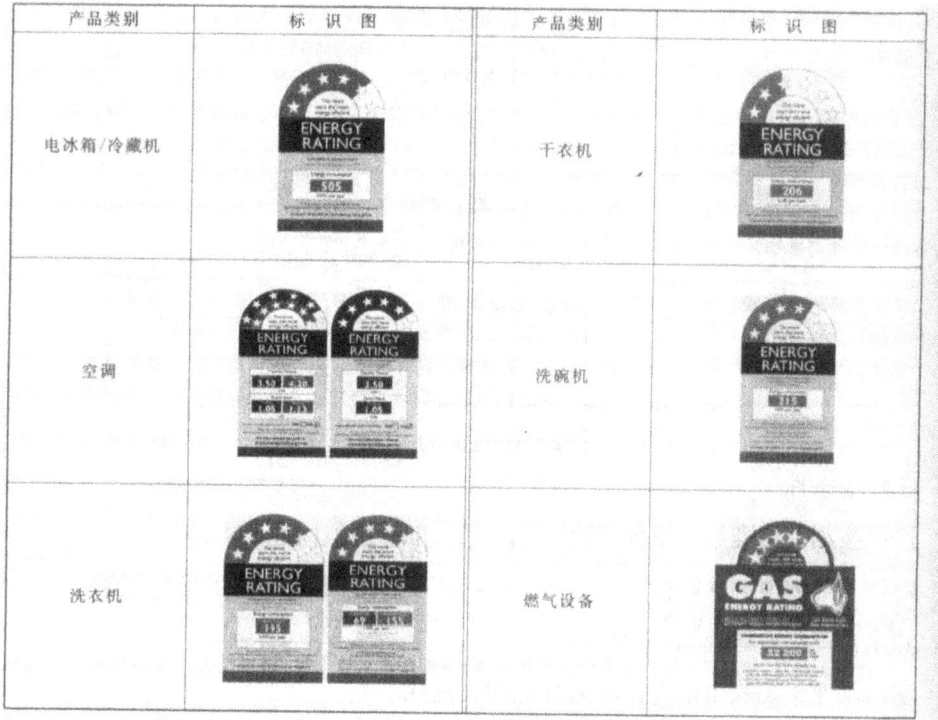

产品类别	标识图	产品类别	标识图
电冰箱/冷藏机		干衣机	
空调		洗碗机	
洗衣机		燃气设备	

标识图形包括一个矩形底座和底座顶部的一个半圆，这个半圆呈"表盘"状图形，表示星级定额。表盘半圆分成6星，按从1个星级到6个星级的等级来鉴定电器能源效率的等级(见表2-11)。星级越多，能效等级就越高，运行成本越低。高效的电器只需要较少的电量就能够实现具有同等大小容量的类似型号产品的同等水平性能。底座中间用数字表示该电器"正常"服务条件下的年(或每小时)评估的耗电量(洗衣机用水量)，即CEC。

2.3.1.2 能效标识申请程序和产品星等级评价标准要求

（1）能效标识申请程序

能源效率法规管理范围的产品在投放市场前必须取得登记注册并带标识方能销售，申请注册的产品符合相关的最低标准要求。由政府主管机构接受申请，可以是向本州/特区的主管部门申请，也可以向其他州/特区(NSW、VIC、QUEENSLAND、SA)的主管部门申请，所有州/特区都认可在其他州/特区注册的结果。能效标识申请流程见图2-10：

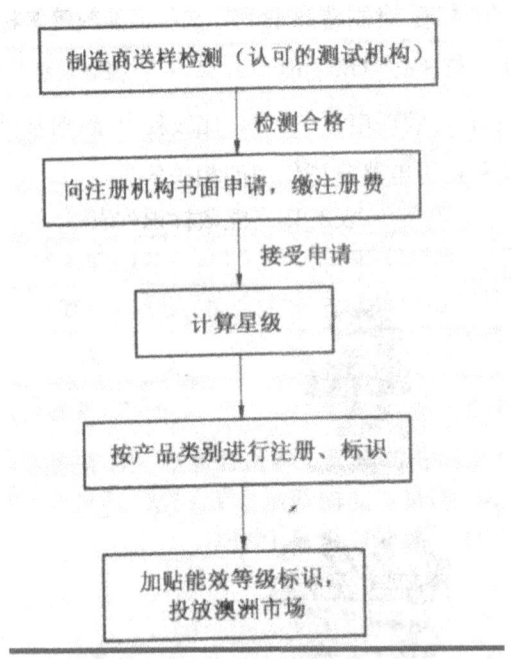

图2-10 能效标识申请程序

①申请条件

产品按相关标准第一部分试验，符合第二部分性能标准要求；

对纳入最低能源性能标准管理的产品，还要符合第二部分的 MEPS 要求；

热水器产品要符合 MEPS 要求；

澳大利亚本国或申请人在澳大利亚的委托代理人。

②评估能效等级

生产/进口电器产品的制造商必须把他们的产品递交给认可的测试机构进行检测。只有保证测试的准确性才能确保产品的能源消耗量和全面的性能。这些测试信息用来计算电器产品千瓦时或每年千瓦时功率，对应相应的星级。电器产品在标上能效等级标识前必须符合澳大利亚标准的相关性能标准。

向注册机构提交书面申请书及其附件并缴纳注册费，申请书包括：书面申请书；申请人或授权代表关于产品符合相关标准的说明；按相关标准第二部分规定的试验结果和计算；拟采用的电器标识的样品；按相应标准规定的格式的试验报告。

③产品类别

注册及标识，适用于 5 类大家电产品：电冰箱、洗衣机、干衣机、洗碗机、空调；热水器仅注册 MEPS。

④计算星级

星等级体系包含最低 1 星级至最高 6 星级，以半星等级递增。各类"算法"或者等式已经应用于评定至少 1 星级的能效产品中.

如果市场上的电器能源效率没有改变，那么星级就会进行调整，使市场上最好的产品能评上 6 星级。随着制造商努力工作改进他们的产品，星级逐渐提高。在 2000 年重新划分星等级时，很有必要为其以后改进留下充足的空间。因此根据当时的体系，最高效率的产品一般仅有 3 星或 4 星级(尽管还存在着为一些电器类型而标注的 5 星级产品)。在完成以上各步骤之后，申请人就可以在其产品上加贴能效等级标识并投放澳大利亚国内市场。

（2）产品星等级评价技术要求

一个电器的星等级由正常工作耗电量和产品尺寸的大小决定。其参数参照澳大利亚标准，这些标准规定了所需检测的能耗量和最小能效性能标准的测试程序。电器必须符合这些标准才能够获得能源等级标识。

能源检测要求、评定标识所需要求在表 2-11 所列标准中阐明。

2.4　日本

2.4.1　日本能效

2.4.1.1　领跑者计划(Top Runner Program)JIS 节能标识

标识可以标注在产品的包装上和产品本身上。一个节能标识包含了与目标能效标准值相关的图案标识、能效水平完成率、年度能耗总值和计划达成目标的年份。不能达成能效目标值的产品节能标识的颜色是橙色的，而超额完成目标水平的节能标识颜色是绿色的。节能标识图示见图 2-11。

2.4.1.2　领跑者计划申报流程

可以发现该计划与欧盟能效标识有相似之处，基本上是属于国家法规强制，厂商自我声明的一种模式，见图 2-12。

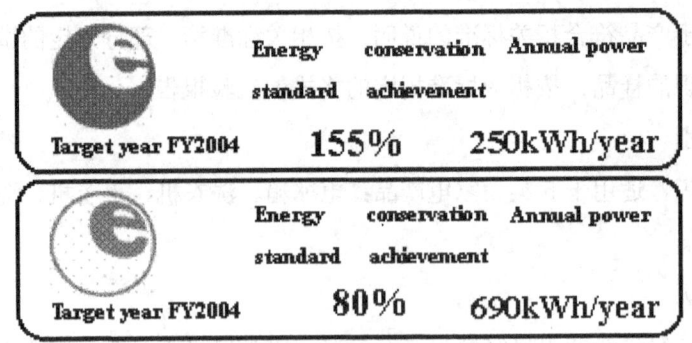

图 2-11　日本节能标识

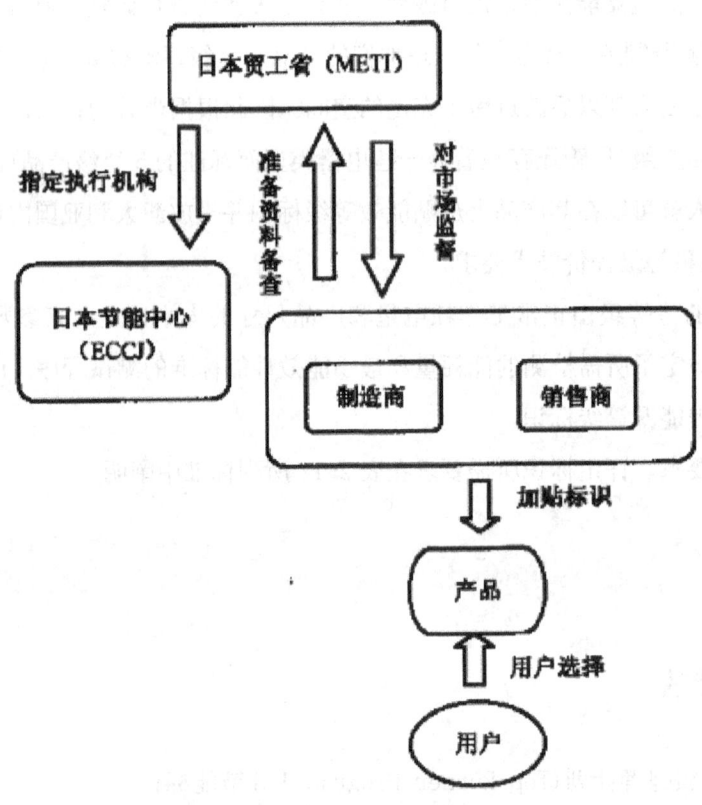

图2-12　领跑者计划申报流程图

日本 ECCJ 联系方式：

能量审计部：电话：+81-3-55433016

国际合作部：电话：+81-3-55433018

传真：+81-3-55433022

网址：http://www.eccj.co.jp

2.4.2　日本 RoHS

2.4.2.1　应对欧盟 RoHS 指令，日本方面所采取的措施

（1）立法方面

考虑到欧盟、中国和美国加州的相关法规，日本在 2004 年启动了一个新的法规《J—MOSS》，即所谓日本版 RoHS，在《J—MOSS》中，有害物质的范围与欧盟保持一致，也是 6 类化学物质，但针对的产品与其他国家的规定有所区别，主要是空调、冰箱、电视机、洗衣机、冰柜、电加热炉、干洗衣机以及个人电脑。2005 年初，日本经产省与多家电子厂商进行讨论。作为其中的一项结论，日本将着手制定"信息明示"制度。也就是在电子电气产品上张贴标识牌，以标明是否含有某些特定有害物质等形式来公布有害物质的含有信息。此外，该制度还将讨论明示该类产品循环利用和再利用的可行性指标。

（2）标准方面

由许多企业自愿成立的日本绿色采购调查标准化协会（JGPSSI），会员包括日本一些知名电器公司：Sony，Panasonic，Toshiba，NEC 等，积极跟进欧盟 WEEE：及：RoHs 指令，要求对电子电气产品中所含有毒有害物质先做调查，即绿色采购调查，企业可从中认知与产品相关的影响。绿色采购调查主要包括两个方面，一是报告所交付的元件中各物质含量的"含量调查"，二是表示在所交付的元件中不含有特定物质的"不使用证明"。

JGPSSI 制定了"环保产品绿色采购调查通用标准"，规定了作为调查对象的 29 种物质，还制定了标准的答复格式。此份标准被日本大多数企业采用，对绿色采购调查很有帮助。爱普生公司就充分利用了这种工具，来调查和比较有关全球生产原料中化学品的信息，在供应商的配合下，在公司数据库中输入了大约 12 万条相关化学品信息。利用这些信息，进行更为详细的调查研究，并最终采用其他材料替代包含了欧盟 RoHS 指令所禁止化学品的生产材料，从而逐步实现了完全消除限制使用物质的目标。

JGPSSI 连同欧洲信息通信技术制造商协会（EICTA）、美国电子工业协会（EIA）于 2003 年 9 月共同制定了关于电子电气产品的"材料声明"指南，目的是为了方便各企业声明它们所生产产品的材料信息，以满足法律和用户对产品材料声明的要求。该指南把各种需要声明的材料物质分成了 A 和 B 两大类，并制定了各种物质组或物质含量的极限值，在附录里，它还提供了材料声明表的一些基本数据及各种物质组或物质在电子产品里的使用范围。

日本电子信息技术产业协会（JEITA）制定了日本的行业标准 JIS C 0905：2005《电子电气产品中特定化学物质的含有表示方法》。该标准经过了日本行业标准化委员会的审核，于 2005 年 12 月 20 日由日本标准化协会发布。该标准规定了电子电气产品中特定化学物质的含

有标记的两种表示方法、含有标记的大小及颜色、含有标记与化学物质记号一并使用时的表示方法以及在设备主体上的表示方法、设备包装箱上的表示方法、设备产品目录上的表示方法等相关内容。该标准的颁布实施，使电子电气产品中特定化学物质的含有表示方法有了一通用的、明确的要求，便于生产商按照该标准标示产品中所含有的特定化学物质，便于市场监管部门按照该标准对投放市场的产品是否满足相应季求进行核查，便于回收处理企业详细了解废旧电子电气产品中有害物质的含量和位置，进行有针对性的处理。详细内容如下：

①适用范围是指根据促进资源有效利用的相关法律(1991年法律第48号)(以下简称资源有效利用促进法)规定需要提交含有特定化学物质的有关信息的设备；但不妨碍其他电子电气设备准用本标准；特定化学物质是指铅、镉、汞、六价铬、多溴联苯、多溴二苯醚。

②电子电气设备中特定化学物质的含有表示使用含有标记的表示有两种，一种是仅使用含有标记的表示，见图2-13；一种是含有标记与化学物质记号一并使用的表示，见图2-14。但当特定化学物质属于规定的含有标记除外项目时(与欧盟的豁免项目基本类似)，不使用含有标记表示。

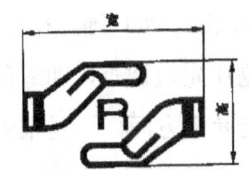

图2-13　仅含有标记的表示

图 2-14　含有标记与化学物质记号一并使用的表示

仅使用含有标记的表示的情况如下：含有标记的大小根据表示对象的大小而定，要确保标记能够被确认，宽度要大于15mm；含有标记的颜色为 JIS Z 8102 的表 1 中规定的黄红色，注意要能够与底色区分。由于印刷上的限制而无法使用规定颜色的情况下，也可以使用易于识别的颜色（底色的补色等）代替规定的颜色，但要避免使用绿色系的颜色。

含有标记与化学物质记号一并使用的表示的情况如下：含有标记在上，化学物质记号在下，形成一体化表示。在化学物质记号无法置于含有标记之下时，也可以采用含有标记在左、化学物质记号在右的配置。用于含有表示的化学物质记号为 Pb、Hg、Cd、Cr6+、PBB、PBDE，文字使用哥特式字体；化学物质记号的高度应大于含有标记高度的 1/6，以便识别化学物质记号的颜色与含有标记的颜色相同；当有多个计算对象物质的含有率超过含有率基准值时，应同时记录各个化学物质记号。记录时，各记号之间用"，"隔开。例：含有表示对象的化学物质记号有一个时：XX；含有表示对象的化学物质记号有多个时：XX，XY。

③使用绿色标记的情况

可以使用绿色标记的情形：所有计算对象物质的含有率都在含有率基准值以下的情况；一部分计算对象物质属于含有标记除外项目，或者其他的计算对象物质的含有率在含有率基准值以下的情况。

对绿色标记的要求：绿色标记，见图 2-15，其大小根据表示对象的大小确定，要能够明确确认其标识；绿色标记的颜色是 JIS Z 8102 的表 1 中规定的绿色，注意要能够与底色区分。由于印刷上的限制而无法使用规定颜色的情况下，也可以使用易于识别的颜色(底色的补色等)代替规定的颜色，但要避免使用黄红色系的颜色。

图 2-15　绿色标记

例：可以标识绿色标记的情况时的表示范例，见表2-13：

表2-13　可以标识绿色标记的情况时的表示范例（JIS C 0950）

设备名称：电视机　　　　型式：○○-CCC

在致分类	化学物质记号					
	Pb	Hg	Cd	Cr6+	PBB	PBDB
实装基板	○	○	○	○	○	○
机体	○	○	○	○	○	○
布劳恩管	除外项目	○	○	○	○	○
扬声器	○	○	○	○	○	○

注1："○"表示计算对象物质的含有率未达到含有率基准值。
注2："除外项目"表示计算对象物质属于含有标记的除外项目。

④设备主体上的表示方法

设备主体上只表示含有标记；表示方法可使用刻印、粘贴标志等，直至设备废弃为止不易消磨的方法；表示应位于记载设备型号等处周围能够辨认的地方。

⑤设备包装箱上的表示方法

设备包装箱上只表示含有标记；表示方法可使用印刷等，直至设备从包装箱中取出为止不易消磨的方法；表示应位于记载设备型号等处周围能够辨认的地方。由多个零部件组成的设备，或者与包装箱分离的情况下，在每一个含有特定化学物质的零部件的包装箱上都要有含有表示。

⑥设备产品目录上的表示方法

A. 设备的印刷品上的含有表示事项，含有表示当中，产品目录、使用说明书等印刷品上的表示如下所述：产品目录、使用说明书等印刷品上一并表示含有标记和化学物质记号；表示方法应使用在设备使用期间不易消磨的方法；表示应位于记载设备型号等处周围能够辨认的地方；应标出记录了有关含有表示信息的网站的 URL（网址）。

B. 设备网站上的含有表示事项，含有表示当中，网站上的表示如下所述：表示语言为日语；含有之处的含有情况的记录如下所述：表示项目应在每个化学物质记号处，记录按照零部件（机体、实装基板等）进行大致分类中的含有情况。

基于含有率基准值的计算对象物质的含有情况应做以下记录：当超过含有率基准值时，记录"含有率数值（wt%）"或者"0.1 wt%超"或者"0.01 wt%超"；符合规定的除外项目时，记录"除外项目"；未达到含有率基准值的情况下，记录"〇"符号，也可以用文字记录含有率基准值"；在有一部分计算对象物质符合含有标记的除外项目，并且其他计算对象物质的含有率未达到含有率基准值的情况下，可以省略符号"〇"及文字"未达到含有率基准值"。记录标准号码 JIS C 0950。

⑦对于含有之处的含有情况的表示，参见例 1～例 3（见表 2-14 和表 2-15）

例 1：计算对象物质超过含有率基准值的情况下表示其含有情况的范例。

表2-14　计算对象物质超过含有率基准值的情况下表示其含有情况的范例（JIS C 0950）

设备名称：电视机　　　　型式：〇〇-AAA

在致分类	化学物质记号					
	Pb	Hg	Cd	Cr+6	PBB	PBDB
实装基板	0.1 wt%超	〇	〇	〇	〇	〇
机体	〇	〇	0.01 wt%超	〇	〇	0.1 wt%超
布劳恩管	除外项目	〇	〇	〇	〇	〇
扬声器	〇	〇	〇	0.1 wt%超	〇	〇

注1："0.1 wt%超" "0.01 wt%超"表示计算对象物质的超过了含有率基准值。
注2："〇"表示计算对象物质的含有率未达到含有率基准值。
注3："除外项目"表示计算对象物质属于含有标记的除外项目。

例 2：对于一部分计算对象物质符合含有标记的除外项目，并且其他计算对象物质的含有率未达到含有率基准值的物品用表格表示时间的范例。

表2-15 部分计算对象属除外项目，其他对象物质含有率未达到含有率基准值的范例

（JIS C 0950）

设备名称：电视机　　　　型式：○○-BBB

在致分类	化学物质记号					
	Pb	Hg	Cd	Cr+6	PBB	PBDB
实装基板	○	○	○	○	○	○
机体	○	○	○	○	○	○
布劳恩管	除外项目	○	○	○	○	○
扬声器	○	○	○	○	○	○

注1：　"○"表示计算对象物质的含有率未达到含有率基准值。
注2：　"除外项目"表示计算对象物质属于含有标记的除外项目。

例 3：对于一部分计算对象物质符合含有标记的除外项目，并且其他计算对象物质的含有率未达到含有率基准值的物品用文字表示时的范例。

设备名称：电视机接收器；型式：○○○—BBB 的布劳恩管中所含物质只有 Pb 属于含有标记的除外项目(JIS C 0950)。

2.4.3 日本 REACH

2.4.3.1 日本《化学物质审查规制法》的立法背景

战后初期的日本，始终通过对剧毒物质的生产和使用的管理或对排放气体和排放污水等的控制，防止因直接接触化学物质对人体造成伤害。但这一管理理念在日本发生化学品中毒事件后崩溃了。

1968 年，日本福冈发生"油症事件"，即食用油中混入化学物质多氯联苯（PCB）而致人中毒。原因是那些非传统限制对象、具有稳定且难分解的化学物质长期滞留人体中会逐渐损害人体健康。因此，这一事件不但引发了日本国民对政府管理化学品的信任危机，而且以往的化学物质管理理念也遭到了强烈质疑。

据日本有关方面介绍，《化学物质审查规制法》的限制对象化学物质为放射性物质、《毒物及剧毒物取缔法》、《麻药以及精神药品取缔法》等法律法规所规定以外的物质、以及由该化学元素或化合物发生化学反应而形成的化合物。2008 年 3 月 1 日，日本厚生劳动大臣和经济产业大臣以及环境大臣对这些种类的物质进行了指定，并将其分为几个种类。

2.4.3.2 本版 RCACH 预计实施时间和主要内容

据日本经济新闻报道，预计日本版 RCACH 将于 2010 年全面实施。日本政府将在 2010 年以法律形式要求从事化学品业务的相关企业就化学品产量、进口量以及用途等每年向政府报告一次。目的是对可能造成环境和健康危害的化学品进行严格管理。这项制度被称为"日本版 REACH"。报道称，该制度是顺应国际上对化学品管理的潮流而实施的，将对企业产生广泛影响。

据报道，新制度将在对现有《化学物质审查规制法》修改的基础上引入。目前，日本经济产业省、环境省、厚生劳动省已草拟了相关方案，并将在 2009 年提交国会审议。

日本版 REACH 将对 2 万多种化学品规定报告义务。政府通过对企业报告资料的汇总分析来把握化学物质总量，并监督其是否对环境和国民健康造成损害。同时，政府还将公布危险性较高的"优先评价物质"，并把有害化学品由 354 种增加到 462 种。对危险化学品将实行从供货商到生产的全过程管理。估计这项制度的实施将涉及日本包括化学品生产、汽车、电器等数千家企业。

2.4.3.3 日本版 ECACH 的主要特点

REACH 法规的出台，将防范化工产品的风险责任转移到企业身上，政府不再是风险防范的主体。它的一个重要特点是将更多的控制化学品风险的责任从管理部门转到了企业。因此，生产、经营、使用化学品的企业需要了解化学物质的安全特性，了解是否对人体和环境产生危害，同时还要有实验数据的支持。数据的获得、按照ＲＥＡＣＨ法规相应地完成注册、评估和授权程序可能会使生产和出口成本提高，会对企业经营带来影响。换言之，对化学物质的检测和评价由企业来完成，安全性评价的主体是企业，因此企业承担的费用大幅增加。这是 REACH 法规与其他标准性认证的根本不同。

据日本媒体披露，日本版 REACH 化学物质安全性评价的主体可能是国家。目前检测费用的分担办法尚不明确。如果检测费用由政府承担，企业承担的成本会减少，对企业来说相对有利。日本版的 REACH 实施后，不仅对危险化学品将实行从供货商到生产的全过程管理，而且比较侧重于评价化学品对健康和生态环境的影响，这是新日本版 REACH 的政策取向与原有的《化学物质审查规制法》重点保护生产的政策取向的主要区别。

2.4.3.4 日本 REACH–CSCL 最新进展

日本《化学物质控制法案》（CSCL）制定于 1973 年，其目的是防止化学物质造成的环境污染、给人类健康带来的风险以及对动植物生存和繁殖的影响。CSCL 在 2009 年 5 月进行了修订，修订的内容计划在 2010 年执行。这次修订按照吨位的不同，确立了现有化学品通报的不同要求。同时，还启动了一个三阶段的以风险为基础的化学品评估和优先性判断，以识别出危险性最大的物质并制定出相应的风险管理措施。

此次修订的具体内容包括：

（1）从 2010 年 4 月 1 日开始，非持久性化学品被列入 CSCL 的管辖范围；低关注度的聚合物被豁免；为了使 CSCL 和斯德哥尔摩公约保持一致，对"必要用途"（essential use）进行豁免；依据政府技术指南，对危害信息的交流作出要求。公约下新的持久性有机污染物（POPs）被列入法规的管辖范围。此外，对含有 II 级特定化学物质的产品还增加了遵守新技术指导方针的要求。

（2）从 2010 年 10 月 1 日开始，增加对 I 级特定化学物质以及含有这些物质的产品的新的标签要求。

（3）对一般（到目前为止已有的）工业化学物质生产量和进口量的报告要求从 2011 年 4 月 1 日起生效。年产量超过一吨的化学物质需要每年对产量和用途进行报告。依据这些数据，日本政府会在估计的环境暴露和可获得的危害信息的基础上进行风险筛查，制定出优先评估的化学物质的清单。对于清单上的物质，会要求更多的数据。

目前，日本已经建立了《化学物质控制法案》（CSCL）和《工业安全与卫生法》（ISHL）下的两个物质清单。

2.5　韩国

2.5.1　韩国—能效等级标识

2.5.1.1　能源效率等级标识

能效等级标识包括第 1～第 5 等级，越接近第 1 等级的产品是越节能的产品，一般情况下，第 1 等级产品比第 5 等级产品多节约 30%～50%能源。

图2-16　韩国能效等级标识

对于电冰箱和空调，等级标识附在正面或侧面，便于消费者辨别。等级标识还须标注在每一个产品的包装上以及覆盖在灯具类产品的整个包装上。等级标识类型见图2-16。

2.5.1.2 能源效率等级标识申请流程

（1）申请步骤简介

必须通过由政府认可的检测机构申请出厂/进口检测；

在检测完毕后30天内，向韩国能源管理公司提交检测结果；

登录韩国能源管理公司官方网页，http:// kemco.or.kr/efficiency，可注册登记产品列表；

制造商(进口商)从检测机构得到"检测结果报告"，并在网上确认；

制造商(进口商)根据检测结果报告确定能效等级，对其产品进行标识。

如果一个产品模型需稍做增加或修改，例如颜色、把柄位置等，须向韩国能源管理公司提出变更申请。

（2）申请流程图(见图2-17)

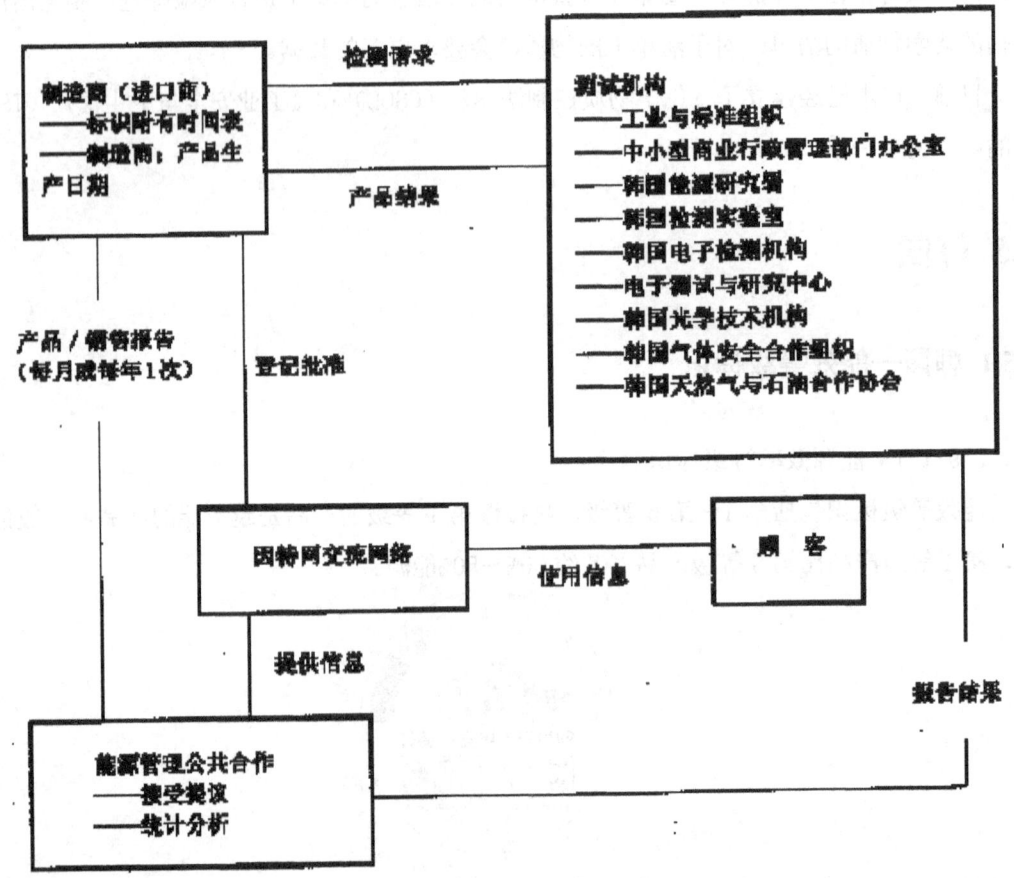

图2-17 韩国能效等级标识申请流程图

2.5.1.3 办公设备节能认证

办公设备节能认证和高能效产品认证是 KEMCO 推行的两个自愿性节能产品认证制度，它们分别针对不同的产品开展认证。这里只简单介绍其标识图样、认证产品目录和部分技术指标要求，详细情况请查阅 KEMCO 机构官方网页上的内容。

（1）办公设备节能认证的标识（见图 2-18）

这个认证标识针对办公设备的待机能耗节能认证而设置，一般都采用美国能源之星的测试方法和标准要求，从 1999 年开始实施，涵盖了以下产品：计算机、显示器、打印机、传真机、复印机、扫描仪、电视机、录像机、DVD 播放机、充电器、机顶盒、门铃电话等。

（2）高能效产品认证的标识（见图 2-19）

该认证项目从1997年开始实施，涵盖了照明设备，异步电动机，热回收通风设备，燃气锅炉，热泵，离心式水冷却器，显示器节能设备，不间断电源系统等。

图2-18　待机功耗减低优秀产品标识

图2-19　高效能源设备标识

韩国 KEMCO 联系方式：

能效管理部：电话：+82-31-2604-248

传真：+82-31-2604-249

网址：http://www.kemco.or.kr

附 录

附录1 欧盟新方法指令（CE）指令目录

指令简称	指令和修订指令编号	实施日期	各国转换为国家法规的最后期限
低压设备 Low Voltage	73/26/EEC	19/8/1974	1/1/1997
	93/68/EEC	1/1/1995	
简单压力容器 Simple Pressure Vesseles	87/404/EEC	1/7/1990	1/7/1992
	90/488/EEC	1/7/1991	1/1/1997
	93/68/EEC	1/1/1995	
玩具安全 Safety of toys	88/378/EEC	1/1/1990	1/1/1997
	93/68/EEC	1/1/1995	
建筑产品 Construction Products	89/106/EEC	27/6/1991	1/1/1997
	93/68/EEC	1/1/1995	
电磁兼容性 Electromagnetic compatibity (EMC)	89/336/EEC	1/1/1992	31/12/1995
	92/31/EEC	28/10/1992	1/1/1997
	93/68/EEC	1/1/1995	
机械产品 Machinery	98/37/EEC	1/1/1993	31/12/1994
	98/79/EEC	7/6/2000	
人身保护设备 Personal protective equipment (PPE)	89/686/EEC	1/7/1992	1/1/1997
	93/68/EEC	1/1/1995	30/6/1995
	93/95/EEC	29/1/1994	
	96/58/EEC		
非自动衡器 Non-automatic weighing instruments	90/384/EEC	1/1/1993	31/12/2002
	93/68/EEC	1/1/1995	1/1/1997
有源植入式医疗器械 Active implantable medical devices	90/385/EEC	1/1/1993	31/12/1994
	93/68/EEC	1/1/1995	1/1/1997

燃气器具 Appliances burning gasseousfucls	90/396/EEC	1/1/1992	31/12/1995
	93/68/EEC	1/1/1995	1/1/1997
燃烧液体和气体燃料的新热水锅炉的效率要求 Efficiency requirements for new Hot-water boilers fired with Liquid or gasseous	92/42/EEC	1/1/1994	21/12/1997
	93/68/EEC	1/1/1995	1/1/1997
	2000/70/EEC		
民用爆炸物 Explosives for civil uses	93/15/EEC	1/1/1995	31/12/2002
医疗器械 Medical devices	93/42/EEC	1/1/1995	14/6/1998
	98/79/EEC	7/6/2000	30/6/2001
防爆电设备 Equipment explosive atmospheres (ATEX)	94/9/EC	1/3/1996	30/6/2003
游乐船 Recreational craft	94/5/EC	16/6/1996	16/6/1998
升降机 Lifts	95/16/EC	1/7/1997	30/6/1999
压力设备 Pressure equipment	97/23/EC	29/11/1999	28/5/2002
体外诊断医疗器械 In vitro diagnostic medical device	98/79/EC	7/6/2000	7/12/2005
无线电及电信终端设备 Radio Equipment and Teleccommunications Terminal Equipment and the mutual Recognition of their Conformity	99/5/EC	8/4/2000	7/4/2001
载人索道设施 Cableway installations designed To carry persons	2000/9/EC	03/05/2000	03/05/2002
测量器具 Measuring instruments	2004/22/EC	30/10/2004	30/10/2006

附录 2 公告产品目录

序号	中文名称	英文名称
1	电器附件	Accessories
2	器具耦合器	Appliance connectors
3	控制和调节装置	Control and conditioning devices
4	软线开关	Cord line switches
5	荧光灯镇流器	Fluorescent lamp ballasts
6	荧光灯启辉器	Fluorescent lamp starters
7	灯座适配器	Lampholder adaptor
8	灯座——卡口和爱迪生螺纹型	Lampholder-bayonet and edison
9	小型过流断路器	Miniature overcurrent circuit breakers
10	输出装置	Outlet devices
11	插头	Plugs
12	剩余电流装置(漏电保护器)	Residual current devices
13	输出插座适配器	Socket outlet adaptors
14	输出插座	Socket outlets
15	电源软线	Supply flexible cords
16	墙壁开关	Wall switches
17	和人体接触器具	Body Appliances
18	电热毯	Electric blankets
19	软性电热垫	Electric heating pads
20	干发器（吹风机）	Hair dryers
21	侵入式电加热器	Immersion heaters
22	按摩器具	Massagers
23	剃须刀和电推剪	Razors and hairclippers
24	水床电加热器	Waterbed heaters
25	户外器具	Outdoor Appliances

26	电围栏加能器	Fence energisers
27	篱笆电修剪器	Hedge trimmers
28	电杀虫器	Insect
29	草坪护理器具	Lawn care appliances
30	游泳池和温泉电器	Swimming pool and spa equipment
31	住宅使用器具	Household Appliances
32	烤面包片电器	Bread toasters
33	洗碟机	Dishwashers
34	电风扇	Fans
35	地板抛光机/擦洗机	Floor polishers/scrubbers
36	电加热器	Heaters
37	电熨斗	Irons
38	电水壶/电蒸锅	Jugs
39	厨房电气机械	Kitchen machines
40	热体加热器具（包括电饭锅）	Liquid heating appliances (includes rice cookers)
41	微波炉	Microwave ovens
42	便捷式烹调器具（包括电动搅拌器和平煎锅）	Portable cooking appliances (including blenders and frying Pans)
43	投影仪	Projectors
44	吸油烟机	Range hoods
45	电灶	Ranges
46	冷藏箱和冷冻箱	Refrigerators/freezers
47	电动缝纫机	Sewing machines
48	电视接收机	Television receivers
49	真空吸尘器	Vacuum cleaners
50	洗衣机	Washing machines
51	照明	Lighting
52	装饰灯	Decorative lighting
53	检查用手持灯	Inspection headlamps

54	便捷式灯	Protable lamps
55	治疗灯	Therapeutic lamps
56	圣诞和节日灯	Christmas and festival lights
57	供能装置	Power Supplies
58	电池充电器	Battery chargers
59	特低电压供给	Extra low voltage supply
60	杂项电器	Miscellaneous
61	弧焊机	Are welding machines
62	压贮式热水器	Pressure srorage water heaters
63	带动力工具	Power tools
64	装钎焊用电烙铁	Soldering irons

参考文献

[1] wireless. fcc. gov

[2] www. fda. gov

[3] www. csa. com

[4] www. csa-intl. org

[5] strategis. ic. gc. ca

[6] laws. justice. gc. ca

[7] ic. gc. ca

[8] www. hc-sc. gc. ca

[9] www. osha. gov

[10] www. scc. ca

[11] www. xa-rail. com. cn

[12] www. jet. or. jp

[13] www. metl. go. jp

[14] www. jqa. jp

[15] www. jisc. go. jp

[16] europa. eu. int/index_en. htm

[17] www. wtosz. org

[18] www. eco-label. com

[19] www. de. mofcom. gov. cn